Madeleine & Florian Ankner

Heimwehküche vegetarisch

Madeleine & Florian Ankner

Heimwehküche vegetarisch

Klassiker von damals
für heute

DK

Inhalt

Vorwort

Wer an typisch deutsche Gerichte denkt, hat schnell Sauerbraten, Schweinshaxe oder Rinderrouladen im Kopf. Kein Wunder, gilt die deutsche Küche doch vor allem als fleischlastig, deftig und reichhaltig. Dass das nicht immer so gewesen sein kann, ist eigentlich klar. Ein Blick in die Geschichtsbücher zeigt: Schlachten galt lange Zeit als Luxus, viele Nutztiere wurden als Arbeitskräfte oder Erzeuger von Milch und Eiern gebraucht. Die Jagd wiederum war völlig eingeschränkt. Ein großer Teil der Menschen in Deutschland konnte sich schlichtweg kein Fleisch leisten. Warum aber wird in vielen Wirtshäusern und in den Küchen unserer Großeltern bis heute so viel Wert auf Fleisch gelegt? Und: Gibt es nicht doch eine andere traditionelle deutsche Küche, die ganz ohne Fleisch auskommt?

Für die Recherchen zu diesem Buch sind wir diesen Fragen auf den Grund gegangen, haben mit Experten der Kulinarik, Geschichtsforschern und Erzeugern gesprochen und uns durch alte Kochbücher gewälzt. Wir wollten herausfinden, was die alte deutsche Küche ausmacht – und was und wie in früheren Zeiten gegessen und gekocht wurde. Schnell stellten wir fest: Als Schmalz oder Brühe wurde Fleisch auch in früheren Zeiten gerne verwendet. Erst der zunehmende Wohlstand unserer Gesellschaft aber machte aus etwas Besonderem eine Alltäglichkeit.

Wir wollen zeigen: Deutsche Küche schmeckt auch ganz ohne Fleisch.

Heute lässt uns nicht nur ein stärkeres Umweltbewusstsein den hohen Fleischkonsum überdenken. Immer mehr Produzenten und Erzeuger setzen auf fast schon vergessene Rohstoffe und Zutaten – und lassen alte Sorten wie die Schwäbische Alblinse (s. S. 83) oder Urgetreide wie Emmer oder Einkorn (s. S. 128) wieder aufleben. Organisationen wie Slow Food (s. S. 12) haben sich den Schutz und Erhalt alter Sorten auf die Fahne geschrieben – ohne dabei vergangene Zeiten zu verklären oder allzu nostalgisch zu werden. Unseren Speiseplan macht das nicht zwingend gesünder, in jedem Fall aber vielfältiger.

Mit diesem Buch möchten auch wir einen Teil dazu beitragen, das Bewusstsein für alte Sorten und fast schon vergessene Gerichte zu stärken. Einige Rezepte blieben dabei traditionell, andere wurden von uns nach unserem Geschmack moderner interpretiert. In jedem Fall aber wollen wir zeigen: Deutsche Küche ist wunderbar vielfältig und schmeckt auch ohne Fleisch.

Die Wiederentdeckung der deutschen Küche

Ein Gespräch dem Gastrosoph Dr. Peter Peter

Küche sucht nach dem Seltenen: Davon ist Dr. Peter Peter überzeugt. Die deutsche Küche entfernt sich immer weiter von ihrem klischeebeladenen Ruf, plump, fettig und sparsam zu sein. Der Autor kulinarischer Reisebücher und Verfasser kunst- und kulturhistorischer Bücher verfolgt diese Entwicklung mit großem Interesse. Allein für sein Buch *Kulturgeschichte der deutschen Küche* wälzte er weit über 500 Kochbücher, Rezeptsammlungen und historische Aufzeichnungen. Immer auf der Suche nach der Antwort auf die Frage, wohin sich die deutsche Küche entwickelt (hat). Seine erstaunliche Erkenntnis: Nicht die Omaküche, sondern die Küche unserer Urgroßmütter feiert gerade eine Wiederentdeckung.

Nicht auf Gerichte aus der Zeit des Wirtschaftswunders, deren Grundlage Suppenwürfel, Mondamin und Konserven seien, werde sich rückbesonnen. Im Fokus ist vielmehr die authentische Küche, die eine Sehnsucht stillt, die sich auf regionale Produkte und Wissen bezieht. Das Gute liegt so nah, warum also in die Ferne schweifen? »Traditionelles wiederentdecken«, sagt Dr. Peter, »ist nicht nur kochen wie Oma, sondern verfolgt einen sehr modernen Zugang.«

Gerade für eine jüngere Generation sei »unsere altdeutsche Küche echt was Neues« – denn Mozzarella, Chopsuey und Sushi, das kenne mittlerweile jeder. Aus seiner Sicht ist die Entwicklung aber nicht nur ein Rückgriff auf die Küche der Großelterngeneration, sondern vielmehr »die Suche nach neuen und seltenen Dingen und diese altdeutschen Gerichte sind neu und selten, weil sie vergessen worden sind.«

Dem Experten, der seit mehr als zehn Jahren am Gastrosophiezentrum der Universität Salzburg »Kochsysteme und Weltküchen« unterrichtet, ist es auch in seinem Schaffen ein Anliegen, dass die jahrzehntelang vernachlässigte deutsche Küche endlich wieder kennengelernt wird. Denn gerade durch die Vielfalt der Regionalküchen, ist er sich sicher, ist Deutschland eine der spannendsten kulinarischen Nationen.

Dr. Peter Peter sieht neben der Rückbesinnung zwei weitere Entwicklungen, die diese begleiten. »Verknüpft ist die Entwicklung mit einem neuen moralischen Bewusstsein, Produkte aus der Gegend zu verwenden, kleinbäuerliche Strukturen zu unterstützen, regional zu essen«, erklärt er. Zudem gebe es einen »neuen Individualismus im Essen«: Während es früher chic war, kollektiv im amerikanischen Fast-Food-Restaurant das Gleiche zu essen, ist es jetzt Mode, sich sogar sein Müsli individuell zusammenzustellen. »Bestimmte regionale Produkte sind nicht grenzenlos verfügbar. Moorkartoffeln von einer alten Sorte zu bekommen, ist schwieriger als Langusten oder Krabben zu kaufen«, sagt er. Überspitzt formuliert: Die neuen Delikatessen sind heutzutage die seltenen Kartoffeln.

Historisch betrachtet ist es nicht verwunderlich, dass gerade die vegetarische Küche sich steigender Popularität erfreut. Allein was mit dem Begriff assoziiert wird, hat sich über die vergangenen Jahrzehnte drastisch geändert. Weg von einer Krankenkost sowie einer Verzicht- und Fastenkultur hin zur vegetarischen Genussküche. Eine lesende und kochende

Traditionelle Gerichte und historische Rezepte, die ohne Fleisch auskommen, sind vielfältig, lecker und abwechslungsreich: Es gibt einiges »Neues« wiederzuentdecken.

Reise durch Zeit und Raum macht diese Entwicklung deutlich.

Mit Beginn der Industrialisierung stiegen die Bevölkerungszahlen sprunghaft an. Dadurch wurden die vorhandenen Ressourcen knapp. Fleisch wurde nur noch selten verzehrt, Hunger breitete sich aus. Um die Bevölkerung besser satt zu bekommen, wurde der Anbau robuster Getreidesorten vorangetrieben. So erhielten Mais, Reis und Kartoffeln neben Brot einen unverzichtbaren Platz auf dem Speiseplan.

Neue technologische Entwicklungen ermöglichten ab Mitte des 19. Jahrhunderts eine Verbesserung in der Herstellung und Lagerung von Lebensmitteln. Dennoch waren die kommenden 100 Jahre bis zur zweiten Hälfte des 20. Jahrhunderts geprägt von Kriegen und damit von Hungersnöten und Lebensmittelknappheit. Und gerade nach den Weltkriegen, als die Wirtschaft wieder florierte, hieß es »Auto für alle, Fleisch für alle«. Man sei der Sehnsucht nach Fleisch nachgegangen.

In dieser Zeit bildete sich auch der Ruf der Fleisch- und Wurstküche, mit der die deutsche Küche heute in Verbindung gebracht wird. Dass jahrhundertelang Fleisch ein Luxusprodukt für wenige Höhepunkte im Jahr war, verblasst immer mehr. Dabei galt die deutsche Küche einst als Armeleuteküche, deren Hauptaugenmerk nicht auf der Vielfalt und dem Geschmack lag, sondern lediglich darin, dass man satt wurde. So zitiert Dr. Peter in seinem Buch: Essen war »notwendige Nahrungsaufnahme, wie auch eine Maschine Öl und Benzin braucht.«

Mittlerweile aber habe ein starkes Gesundheitsdenken eingesetzt und es herrsche eine große Skepsis gegenüber der Art, wie Schlachttiere aufgezogen werden. Das Verlangen nach einer Heimweh- und Sehnsuchtsküche, die sich auch stark mit dem Revival des Begriffes Heimat befasst, sei ebenso nachvollziehbar.

Neben dem Bewusstsein, dass deutsche Küche generell auch fein, edel und erlesen sein kann, kehrt demnach auch das Wissen zurück, wie vielfältig, lecker und abwechslungsreich deutsche Gerichte sind, die ohne Fleisch auskommen. Traditionelle Gerichte, historische Rezepte, besonders hochwertige regionale Produkte, ganz wie sie die Uroma kannte und verwendete. Zwischen Aalsuppe mit Schwemmklößchen, Frankfurter Grüner Soße – Dr. Peter Peters liebstes vegetarisches Gericht – und Zwiebelkuchen: Es gibt einiges »Neues« wiederzuentdecken.

Im Gespräch mit Slow Food

Als die Arche Noah noch auf dem Trockenen lag, marschierten in langen Reihen die verschiedensten Tierarten an Bord. Es ging darum, die Vielfalt des Lebens zu retten, während Gott die verkommene Menschheit mit einer großen Flut vom Angesicht der Erde schwemmte. Ganz so dramatisch ist die Lage auf der Arche des Geschmacks nicht. Und doch geht es auch dort um das Sein – oder Nichtsein. Ähnlich wie in der uralten Geschichte aus der Bibel steht die Vielfalt des Lebens auf dem Spiel. Und auch heute steckt die Menschheit dahinter, dass sie bedroht ist. Denn wir machen es uns zu leicht, wenn es darum geht, Lebensmittel herzustellen. Mais, Reis und Weizen decken 50 Prozent des Nahrungsbedarfs der Weltbevölkerung. Gerade einmal 30 Arten decken 95 Prozent des Kalorienbedarfs aller Menschen. Und das, obwohl es 30 000 essbare Pflanzen gibt. Davon genutzt werden nur 0,5 Prozent. Die biologische Vielfalt bleibt dadurch auf der Strecke. Der gute Geschmack sowieso. »In der modernen Landwirtschaft geht es nur darum, welche Pflanzen optimalen Ertrag versprechen. Was lässt sich gut verarbeiten? Man geht davon aus, dass seit 1900 75 Prozent aller Nutzpflanzensorten endgültig verschwunden sind. Viele andere gibt es nur noch in Gendatenbanken«, sagt Gerhard Schneider-Rose. Er ist, um im Bild zu bleiben, Kapitän der Arche. Schneider-Rose sitzt der fünfköpfigen Kommission vor, die in Deutschland darüber entscheidet, wer als Passagier auf die Arche des Geschmacks von Slow Food darf.

Ihm und seinen Mitstreitern geht es darum, dass die Idee der biologischen Vielfalt nicht nur im Bereich der Wildtiere und Wildpflanzen bedroht ist. Ähnlich dramatisch sehe es auch im Bereich der Nutztiere und -pflanzen aus. »Mit der einstigen Sortenvielfalt geht es rapide bergab. In Deutschland sind zum Beispiel 2000 Apfelsorten bekannt. Im Supermarkt findet man noch sechs. Dazu kommt, dass es ständig Neuzüchtungen gibt, die ältere Sorten verdrängen.«

Vor drei Generationen haben die Menschen noch das gegessen, was hier angebaut wurde. Man kannte verschiedene Kartoffel- oder Apfelsorten.

Der Grund für diese Entwicklung trage einen Namen: industrialisierte Landwirtschaft. Betriebe spezialisierten sich auf einen oder wenige wirtschaftliche Zweige. Kleinbetriebe würden verdrängt. Weltweit habe sich dadurch eine Art Arbeitsteilung ergeben, sagt Schneider-Rose. »Alles wird nur noch dort angebaut, wo es optimale klimatische Bedingungen gibt. Die Bodenbedingungen sind inzwischen weitgehend egal. Der Boden ist nur noch Trägermaterial für die Nährstofflösung und soll den Wurzeln Halt geben. Jedes Produkt hat eine Region gefunden, wo es die optimalen Bedingungen gibt. Dort wird es auf Teufel komm raus angebaut. Verluste von Regenwald zum Beispiel werden in Kauf genommen, Stichwort Soja.«

Im Windschatten dieser globalen Entwicklung verarmt die Geschmackskultur. Über Jahrhunderte angehäuftes Wissen ist innerhalb kürzester Zeit unwiederbringlich verloren gegangen. »Vor drei Generationen haben die Leute noch das gegessen, was hier angebaut wurde. Die kannten verschiedene Kartoffel- oder Apfelsorten. Die wussten, welche Sorte man wofür verwenden konnte, und kannten auch die Geschmacksunterschiede. Die hatten Geschmacksvielfalt durch das Spektrum der verschiedenen Sorten«, sagt Schneider-Rose. Heute hat sich das nahezu ins Gegenteil verkehrt. Zwar sei die Geschmacksvielfalt nicht weniger geworden, »aber wir haben die der einheimischen Lebensmittel dadurch abgelöst, dass wir heute eben Papaya, Ananas und Avocado auf dem Teller liegen haben. Geschmack hat sich internationalisiert. Nur dass die CO_2-Bilanz einer Papaya eine ganz andere ist als die des Apfels von um die Ecke. Diese Entwicklung ist bedrohlich für unsere Welt.«

Die Arche des Geschmacks, ein Projekt von Slow Food International, will diesem Trend entgegenwirken. Aus Italien ist die Idee dazu nach Deutschland gekommen. 2004 wurden die ersten Passagiere aufgenommen – momentan sind es hierzulande 79, weltweit etwa 5200. Es ist kein Zufall, dass Italien der Vorreiter war. »Dort gibt es ein ganz anderes Bewusstsein für Nahrungsmittel. Die besonderen Geschmäcker und Eigenschaften von Lebensmitteln hat man sich in Italien viel besser bewahrt. Das ist eine ganz andere Ernährungskultur. Wir in Deutschland sind da relativ anspruchslos geworden«, sagt Schneider-Rose.

Mit seinen vier Kollegen der Arche-Kommission entscheidet er über neue Passagiere. Den Antrag kann jeder stellen. In einem Formular werden verschiedene Sachen abgefragt. Im Grunde gehe es laut Schneider-Rose darum, eine interessante Geschichte über jeden Passagier zu entwickeln. »Was ist das Besondere? Warum ist er es wert, ihn zu erhalten? Warum ist er es wert, dass er später im Laden vielleicht

Ein Erfolgspassagier der Arche ist die Schwäbische Alblinse, die einst als ausgestorben galt und heute wieder angebaut wird.

30 Prozent mehr kostet als andere Produkte? Die Geschichte muss natürlich stimmen. Der Produzent, der am Wochenmarkt steht, soll sie erzählen können.«

Ein häufiger Grund für eine Absage ist, dass Passagiere schon so bedroht sind, dass sie nicht mehr marktfähig sind. »Wir nehmen nur Produkte auf, die man auch wirklich kaufen kann.« Auf der anderen Seite gebe es aber vor allem im Weinbereich die Fälle, »dass Sorten vorgeschlagen werden, die es eigentlich noch recht häufig gibt. Da spielen wir dann auch nicht mit. Für die ist die Arche ein Marketingmittel und daher hoch attraktiv.« Schwierig seien zudem verarbeitete Lebensmittel. »Da muss es dann eine klare Rezeptur geben. Und wenn jede Menge Zusatzstoffe dazukommen, ist das für uns nicht aufnahmefähig.«

Schafft es ein bedrohtes Lebensmittel auf die Arche, laufen verschiedene Maßnahmen an, es bekannt zu machen. Schneider-Rose: »Wir haben schon einige Erfolgspassagiere. Ein Erfolgsfaktor ist es, wenn man es geschafft hat, ein Erzeuger- und Vermarkternetzwerk zu gründen.« Gelungen ist das zum Beispiel mit der Alblinse.

In Süddeutschland gehört die Linse schon seit der Steinzeit zum Speiseplan. Doch in den späten 1960er-Jahren war der Aufwand für den Linsenanbau einfach zu groß: Linsen müssen schnell und gut getrocknet werden, da die Pflanzen sonst schimmeln und dann nicht mehr verwertet werden können. Die gelungene Technisierung, die beim Getreideanbau voranschritt, fehlte bei den Linsen. Und so verschwand die Linse aus der deutschen Landwirtschaft. Vorerst. Denn in den 1980er-Jahren schaffte es die Linse wieder zurück in die deutschen Töpfe. Genauer gesagt die französische Sorte Anicia. Nachdem der Anbau der Anicia erfolgreich war, reizte Diplom-Biologe Woldemar Mammel die Kultivierung der Alblinsen, die in den 1930er- bis 1950er-Jahren auf der Schwäbischen Alb gezüchtet und angebaut wurden. Doch auch diese Sorten verschwanden. Bis 2006.

In einer der größten Genbanken für Nutz- und Wildpflanzen, dem Wawilow-Institut in St. Petersburg in Russland, wurden Samen der in Süddeutschland als ausgestorben geltenden Linsensorten Späths Alblinse I und Späths Alblinse II (benannt nach dem Züchter Fritz Späth) gefunden. Der Versuch, die Alblinsen wieder auf die Schwäbische Alb zu bringen, gelang. Ein Durchbruch.

Seitdem hat sich viel getan: Wege, die Alblinsen künstlich mit Warmluft zu trocknen, wurden gefunden. Und aus der Leidenschaft für »Leisa«, wie Linsen in Schwaben genannt werden, entstand 2001 eine Erzeugergemeinschaft, deren rund 120 mitwirkende Landwirte seither auf der Schwäbischen Alb Alblinsen anbauen. Und so ist es heute »überhaupt kein Problem mehr, Alblinsen zu kaufen«, freut sich Rose-Schneider. »Vor zehn Jahren gab es da noch gar nichts. Es ist schön, wenn es so funktioniert.«

Kleinigkeiten und Abendbrot

Der Handkäs mit Musik oder »Handkäs met Mussigg« ist ein typisches Gericht aus Rheinhessen und wird vor allem im Sommer gegessen. Die Musik in dem Gericht bezieht sich auf die Geräusche, die die Verdauung der rohen Zwiebeln begleiten.

Handkäs mit Musik

Für 4 Personen
Zubereitungszeit: 30 Minuten
Ruhezeit: mindestens 2 Stunden

4 Handkäs (oder Harzer Käse)
1 weiße Zwiebel
4–5 EL Apfelsaft
2–3 EL Apfelessig
1 TL Kümmelsamen
½ TL Honig
4 EL Sonnenblumen- oder Rapsöl
Salz
Pfeffer
je 1 Handvoll Kresse, Dill und Petersilie
4 Scheiben Bauernbrot
etwas Butter zum Bestreichen

Handkäs in Scheiben schneiden und in einen flachen, verschließbaren Behälter legen. Die Zwiebel schälen, in feine Ringe schneiden und ebenfalls in die Form schichten. Aus Apfelsaft, Essig, Kümmel, Honig, Öl, Salz und Pfeffer eine Marinade herstellen. Über Käse und Zwiebel gießen und zugedeckt im Kühlschrank mindestens 2 Stunden ziehen lassen.

Kresse, Dill und Petersilie waschen, trocken schütteln und fein hacken. Die Brote in der Pfanne oder im Toaster rösten, nach Belieben mit etwas Butter bestreichen und mit dem Handkäs mit Musik belegen. Mit den gehackten Kräutern bestreut servieren.

In der Geschichte der deutschen Küche zählt der Stramme Max zur jüngeren Generation: Das Gericht geht auf die sächsische und Berliner Küche der 1920er-Jahre zurück und bestand ursprünglich aus Mischbrot, Schinken und Spiegelei: Eine besonders potente Mischung für den Mann, war man wohl überzeugt – die Bezeichnung Strammer Max war geboren.

Strammer Max mit Pilzen und Petersilienpesto

Für 4 Personen
Zubereitungszeit: 30 Minuten

Für das Pesto
40 g Pinienkerne
½–1 Knoblauchzehe (nach Geschmack)
100 g Petersilie
100–150 ml Rapsöl
Salz

Für den Belag
200 g Champignons
200 g Kräuterseitlinge
1 Knoblauchzehe
2 Schalotten
3 EL Butter zum Braten
Salz
Pfeffer
4 Eier
4 Scheiben Sauerteigbrot
1 Handvoll Petersilie, grob gehackt

Für das Pesto die Pinienkerne in einer Pfanne ohne Fett anrösten, bis sie duften. Abkühlen lassen. Knoblauch schälen. Petersilie waschen und trocken schütteln. Knoblauch und Petersilie samt Stielen grob hacken. Zusammen mit 30 g Pinienkernen und dem Öl mit dem Mixer oder Pürierstab zu einem Pesto verarbeiten. Mit Salz abschmecken. Bei Bedarf noch etwas Öl dazugeben.

Die Pilze säubern und in feine Scheiben schneiden. Knoblauch und Schalotten schälen und fein hacken. 1 EL Butter in einer Pfanne erhitzen, Schalotten und Knoblauch darin bei mittlerer Hitze glasig dünsten. Die Pilze dazugeben, einige Minuten mitbraten und salzen. 1 EL Butter dazugeben und gut durchschwenken. Mit Salz und Pfeffer würzen.

1 EL Butter in einer Pfanne erhitzen, bis sie aufschäumt. 1 Prise Salz darüberstreuen. Eier aufschlagen und in die Pfanne gleiten lassen. Mit dem Pfannenwender in Form bringen. Bei mittlerer Hitze garen, bis das Eiweiß die gewünschte Konsistenz hat.

Brot in der Pfanne oder im Toaster rösten. Mit Pilzen und Ei belegen und das Pesto darüberträufeln. Mit frischer Petersilie und den restlichen Pinienkernen bestreut servieren.

Von Notzeiten und schwerer Arbeit geprägt, zeichnete sich die Küche der Pfalz vor allem durch deftige, bodenständige und sättigende Gerichte aus. Schon um die Jahrhundertwende waren »Grumbeerwaffele« oder »Grumbeerpannekuche« – meist mit etwas Dörrfleisch gespickt – eine kostengünstige und sättigende Mahlzeit für die schwer arbeitenden Grubenarbeiter. Mit Dinkelvollkornmehl, Tomatensalat und Ziegenkäsecreme wird aus dem Traditionsgericht eine sättigende, aber nicht zu schwere Mahlzeit.

Grumbeerwaffele mit Tomatensalat und Ziegenkäsecreme

Ergibt etwa 16 kleine Waffeln
Zubereitungszeit: 1 Stunde

Für die Waffeln
400 g mehligkochende Kartoffeln
½ Gemüsezwiebel
½ Lauchstange
1 Ei (Größe M)
50 g Dinkelvollkornmehl
1½–2 TL Salz
Pfeffer
Pflanzenöl zum Braten

Für den Tomatensalat
200 g Kirschtomaten
1 Schalotte
½ Knoblauchzehe
1 Handvoll Petersilie
3 EL Rapsöl
1 EL Himbeeressig
Salz
Pfeffer

Für die Ziegenkäsecreme
150 g Ziegenfrischkäse
1 TL Honig
Salz
Pfeffer
1 Handvoll Rucola

Für die Waffeln Kartoffeln und Zwiebel schälen. Kartoffeln fein reiben, Zwiebel fein hacken. Den Lauch waschen, putzen, vierteln und in feine Streifen schneiden. Kartoffeln, Zwiebel, Lauch, Ei und Mehl vermischen. Mit Salz und Pfeffer würzen.

Ein Doppelwaffeleisen erhitzen und mit Öl einpinseln. Je 1 EL Teig pro Seite hineingeben und insgesamt rund 16 kleine Waffeln backen. Fertige Waffeln im heißen Backofen bei 80 °C warm halten.

Für den Tomatensalat die Tomaten waschen, halbieren und nach Belieben würfeln. Schalotte und Knoblauch schälen und fein hacken. Petersilie waschen, trocken schütteln und grob hacken. Alles zusammen mit Öl und Essig vermischen und mit Salz und Pfeffer würzen.

Für die Ziegenkäsecreme Ziegenkäse und Honig glatt rühren und mit Salz und Pfeffer abschmecken. Rucola waschen und trocken schütteln.

Die Waffeln auf Tellern anrichten und mit Ziegenkäsecreme, Tomatensalat und Rucola servieren.

Ob Reibekuchen, Reiberdatschi, Grumbeerpannekuchen oder Reibeplätzchen: Kartoffelpuffer sind in vielen Regionen Deutschlands beliebt. Ob nun festkochende oder mehligkochende Kartoffeln die perfekte Wahl für den Klassiker sind, dazu gibt es viele Meinungen. Wir verwenden für unser Rezept für knusprige Reibekuchen die stärkehaltigeren mehligkochenden Kartoffeln.

Reibekuchen

Ergibt etwa 18 Reibekuchen
Zubereitungszeit: 40 Minuten

Für die Reibekuchen
1 kg mehligkochende Kartoffeln
1 Zwiebel
2 Eier (Größe M)
2 EL Kartoffelstärke
Salz
Pfeffer
1 Prise Muskatnuss (nach Belieben)
Pflanzenöl oder Butterschmalz zum Braten

Die Kartoffeln schälen und grob raspeln. Die geriebenen Kartoffeln portionsweise auf ein sauberes Küchentuch geben, anschließend gründlich ausdrücken.

Die Zwiebel schälen und fein würfeln. Kartoffelraspel mit den Fingern leicht auflockern, mit Zwiebel, Eiern und Kartoffelstärke mischen. Mit Salz, Pfeffer und nach Belieben mit 1 Prise Muskat würzen.

Reichlich Öl oder Schmalz in einer Pfanne erhitzen, sodass der Boden gut bedeckt ist. Je 1 EL Kartoffelmasse ins heiße Fett geben, etwas flach drücken und von jeder Seite je nach Größe in 3–4 Minuten goldbraun ausbacken. Auf Küchenpapier abtropfen lassen. Fertige Puffer im Backofen bei 80 °C warm halten.

Tipp: Zu den Puffern passt Rote-Bete-Aufstrich (s. S. 26) oder klassisch Apfelkompott (s. S. 113).

Kartoffelkäs oder auch Erdapfelkäs ist ein Aufstrich aus Kartoffeln und Sauerrahm, der vor allem in Niederbayern gegessen wird. Auch wenn das Gericht dem Namen her Käse enthält, ist in ihm – ähnlich wie beim Käsekuchen – kein Käse enthalten.

Kartoffelkäs

Für 4 Personen
Zubereitungszeit: 40 Minuten

Für den Kartoffelkäs
400 g mehligkochende Kartoffeln
Salz
1 Zwiebel
1 EL Rapsöl
200 g saure Sahne
4 EL Milch
½ Bund Schnittlauch
Pfeffer

Die Kartoffeln mit der Schale in Salzwasser gar kochen, abgießen und etwas abkühlen lassen. Die Kartoffeln pellen und durch eine Kartoffelpresse in eine Schüssel drücken.

Die Zwiebel schälen, halbieren und in feine Würfel schneiden. In einer Pfanne das Öl erhitzen und die Zwiebel darin bei mittlerer Hitze gleichmäßig bräunen. Mit der sauren Sahne und der Milch zu den Kartoffeln geben und alles zu einer homogenen Masse verrühren. Schnittlauch waschen, trocken schütteln, in feine Röllchen schneiden und untermischen. Den Kartoffelkäs mit Salz und Pfeffer abschmecken.

Abbildung s. S. 28/29

Rote-Bete-Aufstrich

Für 4 Personen
Zubereitungszeit: 10 Minuten

Für den Aufstrich
200 g gekochte Rote Bete
½ säuerlicher Apfel
50 g Walnusskerne
1 EL frisch geriebener Meerrettich
1–2 EL Öl
Saft von ½ Zitrone
100–150 g Schmand
Salz

Die Rote Bete grob würfeln. Apfel schälen, entkernen und ebenfalls würfeln. Walnüsse grob hacken.

40 g Walnüsse mit Roter Bete, Apfel, Meerrettich, Öl und Zitronensaft mit einem Stabmixer fein pürieren. Schmand untermengen, mit Salz abschmecken und die übrigen Walnüsse (10 g) zum Servieren über den Aufstrich geben.

Abbildung s. S. 28/29

Wer bei diesem typischen Kölner Rezept einen halben Hahn erwartet, der dürfte sich wundern. Denn statt eines gegrillten Hähnchens bekommt man ein Roggenbrötchen mit mittelaltem Gouda, Zwiebeln, Essiggurke und Butter serviert. Wie der »Halve Hahn« zu seinem Namen gekommen ist, darüber gibt es viele Legenden. Eine davon besagt, dass ein Kölner Gastwirt einem Gast ein ganzes Roggenbrötchen mit Käse servierte, dieser allerdings nur ein halbes wollte. Der Gast reklamierte deshalb beim Wirt: »Ääver isch will doch bloß ne halve han.« – »Aber ich möchte doch bloß ein Halbes haben.«

Halver Hahn

Für 4 Personen
Zubereitungszeit: 10 Minuten

Für den Halven Hahn
½ rote Zwiebel
2 Essiggurken
2 Roggenbrötchen
20 g Butter
2 EL Senf
4 dicke Scheiben mittelalter Gouda

Die Zwiebel schälen, halbieren und in feine Ringe schneiden. Die Essiggurken der Länge nach in dünne Scheiben schneiden.

Die Roggenbrötchen halbieren, dünn mit Butter und Senf bestreichen und mit je einer Scheibe Käse belegen. Mit Zwiebelringen und Essiggurken garnieren.

Abbildung s. S. 28/29

Obazda, Obatzter oder Obatzda ist ein typisch bayerisches Gericht, das auf keiner Brotzeitplatte fehlen darf. Bekannt soll ihn eine Wirtin aus Weihenstephan in den 1920er Jahren gemacht haben. Damals ließ sie überschüssigen Camembert mit etwas Paprika und Zwiebeln vermischen und reichte ihn mit einer Breze an ihre Gäste.

Obazda

Für 4 Personen
Zubereitungszeit: 15 Minuten

Für den Obazda
200 g reifer Camembert
60 g Kräuterfrischkäse
40 g weiche Butter
2 TL Paprikapulver edelsüß
2 Prisen gemahlener Kümmel
Salz
Pfeffer
1 kleine rote Zwiebel
1 EL Schnittlauchröllchen

Den Camembert in kleine Stücke schneiden. Zusammen mit Frischkäse, Butter, Paprikapulver und Kümmel in eine Schüssel geben und mit einer Gabel zu einer geschmeidigen Masse verrühren. Mit Salz und Pfeffer würzen.

Die Zwiebel schälen, halbieren und in feine Ringe schneiden. Zum Servieren mit den Schnittlauchröllchen über den Obazda geben.

Abbildung s. S. 28

Eiersalat

Für 4 Personen
Zubereitungszeit: 15 Minuten

Für den Eiersalat
8 Eier (Größe M)
1 Eigelb
1 TL Dijon-Senf
1½ EL Weißweinessig
100 ml Sonnenblumenöl
Salz
Pfeffer
2 EL saure Sahne
1 EL Schnittlauchröllchen
1–2 EL gehackte Petersilie

Die Eier in kochendem Wasser in 9–10 Minuten hart kochen, eiskalt abschrecken und pellen. Nach Belieben ein Ei zum Garnieren beiseitelegen. Die übrigen Eier würfeln.

Für die Mayonnaise Eigelb, Senf und ½ EL Essig mit dem Schneebesen verquirlen. Öl in einem dünnen Strahl einfließen lassen. Weiterrühren, bis die Masse cremig-fest ist. Salzen und pfeffern.

Die Eier mit Mayonnaise, saurer Sahne und übrigem Weißweinessig (1 EL) in einer Schüssel vermischen. Mit Salz und Pfeffer abschmecken, die Kräuter unterheben. Mit dem beiseitegelegten Ei garnieren und servieren.

Abbildung s. S. 28

Auch wenn Rettich in Deutschland eher ein Schattendasein führt, gehört er in Bayern zu einer traditionellen Brotzeitplatte. Kaum verwunderlich, dass die Bayern den höchsten Pro-Kopf-Verbrauch an Rettich hierzulande haben. Der Radi, wie der Rettich in Bayern heißt, wird dabei hauptsächlich roh als Salat gegessen.

Bayerischer Radisalat

Für 4 Personen
Zubereitungszeit: 10 Minuten
Ruhezeit: mindestens 1 Stunde

Für den Salat
500 g Rettich
8 EL Weißweinessig
10 EL Sonnenblumenöl
2 TL Zucker
1 TL Kümmelsamen
½ Bund Dill
½ Bund Schnittlauch
Salz
Pfeffer

Den Rettich putzen, schälen und die Enden abschneiden. Rettich in feine Scheiben hobeln. Essig, Öl, Zucker und Kümmel über den Rettich geben und mit einer Gabel gut untermischen. Den Salat anschließend mindestens 1 Stunde durchziehen lassen.

Vor dem Servieren die Kräuter waschen, trocken schütteln, fein hacken und zum Radi geben. Den Salat mit Salz und Pfeffer abschmecken.

Abbildung s. S. 28/29

Sauerkrautpuffer mit Kürbiskernpesto und Pastinaken-Bohnen-Dip

Ergibt etwa 10 Puffer
Zubereitungszeit: 1 Stunde

Für den Pastinaken-Bohnen-Dip
150 g Pastinaken
Salz
250 g weiße Bohnen (aus der Dose)
½ Knoblauchzehe
2 EL Rapsöl
1 EL Zitronensaft

Für die Sauerkrautpuffer
1 kg Sauerkraut
2 Zwiebeln
½ Bund Schnittlauch
100–120 g Dinkelvollkornmehl
2 Eier (Größe M)
2 TL Senf
Salz
Pfeffer
3–4 EL Öl zum Anbraten

Für das Kürbiskernpesto
60 g Kürbiskerne
½ Bund Petersilie
½ Knoblauchzehe
100 ml Rapsöl
30 g Hartkäse, gerieben
Salz
Pfeffer

Für den Pastinaken-Bohnen-Dip die Pastinaken schälen und in kleine Würfel schneiden. In reichlich Salzwasser bei mittlerer Hitze in etwa 15 Minuten weich kochen. Durch ein Sieb abgießen, das Kochwasser dabei auffangen.

Die Bohnen in einem Sieb mit kaltem Wasser abspülen und gründlich abtropfen lassen. Knoblauch schälen und fein hacken. Pastinaken, Bohnen, Knoblauch, Öl und Zitronensaft mit dem Stabmixer pürieren. Dabei so viel Kochwasser dazugießen, bis eine cremige Konsistenz entsteht. Beiseitestellen.

Für die Puffer Sauerkraut in einem Sieb abtropfen lassen und mit den Händen fest ausdrücken, bis keine Flüssigkeit mehr austritt. Anschließend mit einem Messer etwas zerkleinern.

Zwiebeln schälen und fein hacken. Schnittlauch waschen, trocken schütteln und ebenfalls hacken. Zusammen mit den Zwiebelwürfeln, dem Sauerkraut, dem Mehl, den Eiern und dem Senf zu einem Teig vermengen. Mit Salz und Pfeffer kräftig würzen und etwa 15 Minuten quellen lassen. Ist der Teig zu feucht zum Formen, noch etwas Mehl dazugeben.

Für das Kürbiskernpesto die Kürbiskerne in einer Pfanne ohne Fett anrösten, bis sie zu duften und zu knacken beginnen. Aus der Pfanne nehmen und abkühlen lassen.

Petersilie waschen, trocken schütteln und grob hacken. Knoblauch schälen und grob würfeln. Kürbiskerne, Petersilie, Knoblauch, Öl und geriebenen Hartkäse in einen Mixer geben und fein pürieren. Mit Salz und Pfeffer abschmecken.

Für die Puffer das Öl in einer Pfanne erhitzen, die Sauerkrautmasse mit feuchten Händen zu flachen Bratlingen formen und im heißen Öl von beiden Seiten in jeweils 3 Minuten knusprig braten. Mit Pastinaken-Bohnen-Dip und Kürbiskernpesto servieren.

Sauerkraut muss nicht immer nur eine Beilage sein – das beweisen diese Puffer, die eine tolle und schnell gemachte Alternative zum klassischen Reibekuchen aus Kartoffeln sind. In Kombination mit Kürbiskernpesto und einem cremigen Bohnen-Dip wird's besonders aromatisch und lecker.

Ein Dressing, das uns sehr an unsere Kindheit und an die Salate unserer Großeltern erinnert. Um den sauren Geschmack des Essigs auszugleichen, wurde nicht mit Zucker gespart.

Salat mit Essig-Öl-Zucker-Dressing

Für 4 Personen
Zubereitungszeit: 15 Minuten

Für den Salat
1 kleiner Kopfsalat
½ Salatgurke
½ Bund Radieschen
½ Bund Schnittlauch

Für das Dressing
2 EL Weißweinessig
3 EL Öl
1 TL Zucker
Salz
Pfeffer

Vom Kopfsalat die äußeren Blätter entfernen. Salatblätter ablösen, waschen, putzen und trocken schleudern. Je nach Größe in kleinere Stücke zupfen.

Die Gurke waschen, nach Belieben schälen, längs halbieren und in Scheiben oder Würfel schneiden. Radieschen waschen, putzen, trocken tupfen und in feine Scheiben schneiden. Schnittlauch waschen, trocken schütteln und in Röllchen schneiden.

Für das Dressing Essig, Öl und Zucker gut verrühren und mit Salz und Pfeffer abschmecken.

Salat, Gurke, Radieschen und Schnittlauch in eine große Schüssel geben und mit dem Dressing mischen.

In früheren Zeiten diente der Flammkuchen als Thermometer beim Brotbacken. Um zu testen, ob der Holzofen die richtige Temperatur hatte, wurde ein Stück Brotteig hauchdünn ausgrollt und in den Ofen geschoben. War der Fladen nach mehreren Minuten noch teigig, musste nachgefeuert werden. War er verbrannt, wurde noch gewartet, ehe die Brote in den Holzbackofen kamen. Um keine Lebensmittel zu verschwenden, wurde der Fladen anschließend mit saurer Milch bestrichen und mit Zutaten belegt, die im Haus vorrätig waren.

Flammkuchen mit Pilzen

Für 4 Personen
Zubereitungszeit: 30 Minuten

Für den Flammkuchenteig
180 g Dinkelmehl (Type 630)
70 g Roggenmehl (Type 1150)
5 g Salz
1–2 EL Öl

Für den Belag
2 rote Zwiebeln
ca. 200 g Pfifferlinge
2 Kräuterseitlinge
1 Birne
200 g Schmand
Salz
Pfeffer
1 Handvoll Kräuter (z. B. Petersilie, Schnittlauch, Majoran)
20 g Haselnusskerne
etwas Bergkäse (nach Belieben)

Für den Flammkuchenteig alle Zutaten mit 130–140 g Wasser vermischen und zu einem glatten Teig verkneten. In Frischhaltefolie wickeln und mindestens 30 Minuten bei Zimmertemperatur ruhen lassen.

Den Backofen auf mindestens 250 °C, am besten auf die höchstmögliche Temperatur, vorheizen. Wer hat, heizt einen Backstein mit vor.

Für den Belag die Zwiebeln schälen und in feine Ringe schneiden. Die Pilze putzen. Pfifferlinge ganz lassen, die Kräuterseitlinge in Scheiben schneiden. Die Birne waschen, entkernen und in schmale Spalten schneiden. Schmand mit 1 EL Wasser verrühren. Mit Salz und Pfeffer abschmecken. Kräuter waschen, trocken schütteln und grob hacken. Haselnüsse ebenfalls grob hacken.

Den Teig vierteln, mit den Händen jedes Teigstück noch einmal durchkneten und zur Kugel formen. Kurz entspannen lassen. Jedes Teigstück auf einer leicht bemehlten Arbeitsfläche zu einem hauchdünnen Fladen ausrollen. Mit Schmand bestreichen und mit Zwiebeln, Pilzen und Birnenspalten belegen. Auf ein mit Backpapier belegtes Backblech oder den Backstein ziehen und im Ofen (Mitte) in 6–10 Minuten goldbraun backen.

Kurz vor Ende der Backzeit die grob gehackten Haselnüsse über den Flammkuchen streuen. Aus dem Ofen nehmen, mit frischen Kräutern bestreuen und nach Belieben etwas Bergkäse darüberhobeln.

Norddeutschland ist für seine deftige Küche bekannt, wie der typisch norddeutsche Kartoffelsalat zeigt, der mit reichlich Mayonnaise zubereitet wird. Woher der Ursprung dieser Tradition kommt, lässt sich nicht mehr klären. Ebenso wenig, wo die deutsche »Kartoffelsalat-Mayonnaise-Grenze« genau verläuft.

Norddeutscher Kartoffelsalat

Für 4 Personen
Zubereitungszeit: 1 Stunde

Für den Kartoffelsalat

1 kg festkochende Salatkartoffeln
3 Eier + 1 Eigelb (Größe M)
1 TL mittelscharfer Senf
½ TL + 2–3 EL Weißweinessig
100 ml Rapsöl
3–4 EL Joghurt (nach Belieben)
1 rote Zwiebel
5 Cornichons
3 EL Gurkensud
Pfeffer
Salz
½ Bund Schnittlauch

Die Kartoffeln gründlich waschen und mit Schale in kochendem Wasser garen, bis sie weich, aber nicht zerkocht sind. Abgießen und etwas ausdampfen lassen.

Drei Eier in kochendem Wasser in 6 Minuten wachsweich kochen, eiskalt abschrecken und schälen. Für eine selbst gemachte Mayo ein zimmerwarmes Eigelb mit Senf und ½ TL Essig mit einem Schneebesen verrühren. Das Öl unter ständigem Rühren in einem dünnen Strahl einfließen lassen und so lange weiterrühren, bis die Masse cremig-fest ist. Nach Belieben mit 3–4 EL Joghurt »strecken«.

Die Zwiebel schälen, halbieren und in feine Würfel schneiden. Die Cornichons fein würfeln und zusammen mit Zwiebelwürfeln, Eiern, Gurkensud und der selbst gemachten Mayo in eine Schüssel geben. Alles mit einem Schneebesen gut verrühren. Die Eier dabei mit dem Schneebesen grob zerdrücken. Mit Salz und Pfeffer abschmecken.

Die Kartoffeln pellen, in Scheiben schneiden und mit dem Dressing mischen. Erneut mit Salz und Pfeffer sowie mit 2–3 EL Essig abschmecken. Schnittlauch waschen, in feine Röllchen schneiden und über den Kartoffelsalat geben.

Rezepte für Kartoffelsalate gibt es in Deutschland vermutlich so viele wie Haushalte. In Schwaben legt man bei der Zubereitung neben geeigneten Kartoffeln vor allem auf eine Sache Wert: Schön »schlonzig« – also feucht – muss der Salat sein.

Schwäbischer Kartoffelsalat

Für 4 Personen
Zubereitungszeit: 50 Minuten
Ruhezeit: 1 Stunde

Für den Kartoffelsalat
1 kg festkochende Salatkartoffeln
1 mittelgroße Zwiebel
1 EL Rapsöl zum Anbraten
200–300 ml kräftige Gemüsebrühe
1 EL mittelscharfer Senf
2–3 EL Weißweinessig
Salz
Pfeffer
1 Prise Zucker
3–4 EL neutrales Öl
Schnittlauchröllchen

Kartoffeln gründlich waschen und mit Schale in kochendem Wasser garen, bis sie weich, aber nicht zerkocht sind. Abgießen und etwas ausdampfen lassen. Pellen und warm in dünne Scheiben schneiden.

Die Zwiebel schälen und fein würfeln. Öl in einer Pfanne erhitzen und die Zwiebelwürfel darin glasig andünsten. Mit der Gemüsebrühe ablöschen und vom Herd nehmen. Senf dazugeben und verrühren. Über die noch warmen Kartoffelscheiben gießen. Mit Essig, Salz, Pfeffer und Zucker kräftig abschmecken, vorsichtig mischen und mindestens 1 Stunde ziehen lassen.

Zum Schluss das Öl untermengen, den Salat noch einmal abschmecken und mit Schnittlauch bestreut servieren.

Tipp: Schwäbischer Kartoffelsalat hat dann die richtige Konsistenz, wenn er beim Vermengen schmatzende Geräusche macht – der Salat muss »schwätzen«. Sollte er zu trocken sein, etwas Brühe oder Wasser dazugießen.

Zwiebelkuchen wird oft im Herbst während der Weinlese in traditionellen Besenwirtschaften oder auf verschiedenen Schankfesten genossen. Oft werden dazu Federweiße oder bodenständige schwäbische Weine serviert.

Schwäbischer Zwiebelkuchen

Für 1 Springform (Ø 28 cm)
Zubereitungszeit: 40 Minuten
Ruhezeit: 30 Minuten
Backzeit: ca. 40 Minuten

Für den Hefeteig
250 g Dinkelmehl (Type 630; oder Weizenmehl (Type 550))
8 g frische Hefe
20 g Öl
5 g Salz
1 Prise Zucker

Für die Füllung
1 kg Gemüsezwiebeln
60 g Butter
3 Eier (Größe M)
200 g saure Sahne
100 g Schlagsahne
60 g Mehl
ca. 10 g Salz
Pfeffer

Für den Teig alle Zutaten mit 150 ml lauwarmem Wasser mit den Händen zu einem geschmeidigen Teig kneten. Abgedeckt 30 Minuten bei Zimmertemperatur ruhen lassen.

Währenddessen die Füllung zubereiten. Dafür die Zwiebeln schälen, halbieren und in dünne Scheiben schneiden. Butter in einer Pfanne erhitzen und die Zwiebeln darin bei mittlerer Hitze glasig andünsten. Abkühlen lassen.

Den Backofen auf 180 °C (Umluft) vorheizen. Den Boden einer Springform mit Backpapier auslegen. Den Rand fetten.

Den Teig ausrollen, in die Springform legen, einen etwa 4 cm hohen Rand hochziehen und gut festdrücken.

Die Eier mit der sauren Sahne und der Schlagsahne verquirlen. Mehl und abgekühlte Zwiebelmasse dazugeben, vermischen und mit Salz und Pfeffer abschmecken. Auf dem Teig verteilen und etwa 40 Minuten (Mitte) backen, bis der Zwiebelkuchen goldgelb ist.

Dinnete, Dünnele, Deie, Dinnede oder Dennetle – es gibt viele Bezeichnungen für dieses schwäbische Traditionsgericht, das eine Mischung aus Pizza und Flammkuchen ist. Belegt wurde der Teigfladen mit Resten aus der Küche wie Kartoffeln, Zwiebeln, Lauch oder, wer es sich leisten konnte, mit Speck.

Dinnete

Für 4 Personen
Zubereitungszeit am Backtag: 30 Minuten
Ruhezeit: 22–26 Stunden

Für den Hefeteig
400 g Dinkelmehl (Type 630)
100 g Dinkel-Vollkornmehl
5 g frische Hefe
10 g Salz
2 EL Öl

Für den Belag
3–4 große Pellkartoffeln, ausgekühlt und gepellt
½ Lauchstange
200 g Schmand
Salz
Pfeffer
70–80 g kräftiger Bergkäse, gerieben
1 Handvoll Schnittlauch oder Petersilie zum Bestreuen

Für den Hefeteig beide Mehlsorten in einer Schüssel mischen. Eine Mulde formen und die Hefe hineinbröckeln. 3–4 EL Wasser über die Hefe gießen, mithilfe einer Gabel mit etwas Mehl vom Rand vermischen, bis sich die Hefe aufgelöst hat. Weitere 280-300 ml Wasser, Salz und Öl dazugeben und in mehreren Minuten zu einem glatten, elastischen Teig verkneten.

In einer Rührschüssel abgedeckt 30–40 Minuten bei Zimmertemperatur ruhen lassen, dann gut abgedeckt für rund 24 Stunden in den Kühlschrank stellen.

Den gegangenen Hefeteig aus dem Kühlschrank nehmen, in vier gleichschwere Stücke teilen und jedes Teigstück rund formen. Gut abgedeckt etwa 1 ½–2 Stunden bei Zimmertemperatur ruhen lassen, bis sich das Volumen deutlich vergrößert hat. Den Backofen auf mindestens 250 °C, am besten auf die höchstmögliche Temperatur, vorheizen. Wer hat, heizt einen Backstein mit vor.

Für den Belag die Kartoffeln in Scheiben schneiden, den Lauch waschen, putzen, halbieren und in dünne Streifen schneiden. Schmand mit Salz und Pfeffer abschmecken.

Die Teigkugeln mit den Händen in eine länglich-ovale Form ziehen. Dabei einen etwas dickeren Rand lassen. Die Teigfladen mit Schmand bestreichen, mit Kartoffeln, Lauch und Käse belegen. Die Fladen auf ein mit Backpapier belegtes Blech oder direkt auf den heißen Backstein legen. Im Ofen (Mitte) 10–20 Minuten backen, bis der Teig goldbraun ist. Kräuter waschen, trocken schütteln und grob hacken. Über die Dinnete streuen und warm servieren.

Das Wildgemüse Portulak ist in den vergangenen Jahrzehnten beinahe vollständig in Vergessenheit geraten. Dabei passt er mit seinem nussigen und leicht säuerlichen Geschmack gut in Mischsalate, aber auch fein gehackt in Suppen oder Kräuterquark. Da Portulak einen leicht salzigen Geschmack hat, sollte beim Würzen nicht zu viel Salz verwendet werden.

Wintersalat mit Portulak und Saure-Sahne-Dressing

Für 4 Personen
Zubereitungszeit: 15 Minuten

Für den Salat
30 g Haselnusskerne
2 EL Sonnenblumenkerne
150 g Feldsalat
80–100 g Portulak
2 gekochte Rote Beten
1 Apfel
1 Bund Schnittlauch

Für das Dressing
75 g saure Sahne
2 EL Weißweinessig
3 EL Öl
1 TL Zucker oder Honig
Salz
Pfeffer

Haselnuss- und Sonnenblumenkerne in einer Pfanne ohne Fett anrösten. Abkühlen lassen.

Feldsalat und Portulak putzen, gründlich waschen und vorsichtig trocken schleudern. Rote Beten in Scheiben oder Würfel schneiden. Den Apfel waschen, trocken reiben, vierteln, entkernen und in Würfel schneiden. Alles in eine Schüssel geben.

Für das Dressing saure Sahne, Essig, Öl, Zucker oder Honig und 1 EL Wasser gut verrühren und mit Salz und Pfeffer abschmecken. Zum Salat geben und durchmischen.

Schnittlauch waschen, trocken schütteln und in feine Röllchen schneiden. Die Haselnüsse grob hacken. Nüsse, Kerne und Schnittlauch zum Servieren über den Salat geben.

1 KARTOFFELN
2 BLUMENKOHL
2 ROTKOHL
7 ROTE BETEN
2 KOHLRABI
6 STECKRÜBEN
4 KAROTTEN
2 GRÜNKOHL
5 PASTINAKEN
3 SCHWARZWURZELN

Gemüsevielfalt

1 KARTOFFELN
Nährwerte: Besonders relevant sind die Anteile an Kalium, Magnesium und Ballaststoffen. Durch den hohen Vitamin-C-Gehalt wurde die Kartoffel auch »Zitrone aus dem Norden« genannt.
Saison: Frühkartoffeln können ab Ende Mai geerntet werden, Spätkartoffeln bis Oktober.
Verwendung: als Salat, Püree, gebacken und frittiert. Zudem wurde früher Kartoffelsaft in der Volksmedizin bei Magenbeschwerden und Geschwüren verabreicht.

2 KOHLGEMÜSE
Nährstoffe: Kohlgemüse wie Blumenkohl, Rotkohl, Kohlrabi und Grünkohl hat einen hohen Anteil an den Vitaminen A, B, E und K sowie an Mineralstoffen wie Kalzium, Chlorid, Magnesium und Kalium. Ebenso enthält es viele antioxidative Pflanzenstoffe, die entzündungshemmend sind.
Saison: Weißkohl und Rotkohl werden von Mai bis November geerntet, Grünkohl von Oktober bis Februar. Kohlrabi und Blumenkohl haben von Juni bis November Saison.
Verwendung: in Eintöpfen oder gekocht als Beilage. Typische Gerichte mit Weißkohl sind Sauerkraut, Eintöpfe oder Krautwickel. Die bekannteste Verwendung von Rotkohl ist wohl das eingemachte Blaukraut.

3 SCHWARZWURZELN
Nährwerte: reich an Vitamin E, Kalium, Kalzium, Magnesium und Eisen. Die Stangen enthalten zudem das Kohlenhydrat Inulin, das den Blutzuckerspiegel nicht ansteigen lässt.
Saison: Oktober bis April
Verwendung: Schwarzwurzeln werden in Deutschland seit dem 17. Jahrhundert angebaut und galten als Spargel der armen Leute, da sie geschält dem Aussehen und dem Geschmack nach weißem Spargel ähneln.

4 KAROTTEN
Nährwerte: Karotten sind reich an Betacarotin und haben einen hohen Anteil an Ballaststoffen.
Saison: Juni bis November
Verwendung: roh als Salat, pur oder entsaftet; gedünstet, angebraten oder als Suppen- oder Bratengemüse

5 PASTINAKEN
Nährwerte: Folsäure, verschiedene Vitamine wie Vitamin E und C sowie Kalium stärken das zentrale Nervensystem. Pastinaken sind für empfindliche Mägen sehr gut verträglich, daher werden sie häufig für Babynahrung verwendet.
Saison: Anfang Oktober bis ins Frühjahr
Verwendung: Pastinaken ähneln vom Geschmack Karotten und Kartoffeln und können gleichermaßen als Zutat in Püree, Suppen, Salaten oder Saucen verwendet werden.

6 STECKRÜBEN
Nährwerte: Kalium, Kalzium und Magnesium sowie verschiedene B-Vitamine. Der Zuckergehalt – vor allem Traubenzucker – ist für ein Gemüse mit 5 Prozent hoch.
Saison: Oktober bis Januar
Verwendung: früher als Schweinefutter verwendet. Erst im »Steckrübenwinter« 1916/17 fand die Steckrübe Einzug in die Küche. Heutzutage werden Steckrüben meist als Püree gegessen.

7 ROTE BETEN
Nährwerte: hohe Konzentrationen an Vitamin A, C und E, Eisen, B-Vitaminen wie Folsäure, Kalium, Magnesium, Zink und Betanin. Wegen der Farbe und des hohen Eisengehalts wird Rote Bete auch als »pflanzliches Blut« bezeichnet.
Saison: September bis März
Verwendung: meist eingekocht oder als Salat verwendet

Suppen und Eintöpfe

Der Eintopf aus Roten Beten und Weißkohl ist in Osteuropa weit verbreitet und war eines der typischen Gerichte in Ostpreußen, das sich im sogenannten Borschtsch-Gürtel neben Polen, Ukraine und Belarus befand. Der Name Borschtsch beziehungsweise Barszcz soll seinen Ursprung im slawischen Wort für Bärenklau haben. Dieser war einst ein fester Bestandteil der Suppe. In Ostpreußen war der Eintopf als Betenbartsch bekannt.

Betenbartsch/Borschtsch

Für 4 Personen
Zubereitungszeit: 40 Minuten

Für den Eintopf
600 g Rote Beten
1 rote Zwiebel
1 EL Rapsöl
1,5 l Gemüsebrühe
2 Lorbeerblätter
200 g Pastinaken
200 g Karotten
400 g festkochende Kartoffeln
200 g Weißkohl
1 süß-säuerlicher Apfel
2 EL Tomatenmark
1–2 EL Rotweinessig
Salz
Pfeffer
Zucker
½ Bund Dill
½ Bund Petersilie
200 g saure Sahne

Rote Beten schälen und würfeln. Zwiebel schälen und fein hacken. Öl in einem großen Topf erhitzen, Zwiebel und Rote Beten bei mittlerer Hitze andünsten. Mit der Brühe ablöschen, Lorbeerblätter dazugeben und zugedeckt für 15 Minuten sanft köcheln lassen.

Pastinaken und Karotten schälen und in feine Streifen schneiden. Kartoffeln schälen und würfeln. Die äußeren Blätter des Weißkohls entfernen, übrigen Kohl in feine Streifen schneiden. Den Apfel waschen, entkernen und würfeln.

Kartoffeln, Sellerie, Apfel, Kohl und Tomatenmark zur Suppe geben und 10–15 Minuten offen köcheln lassen. Karotten und Pastinaken dazugeben und den Eintopf für weitere rund 5 Minuten sanft köcheln lassen, bis das Gemüse gar ist. Mit Essig, Salz, Pfeffer und Zucker fein-säuerlich abschmecken.

Dill und Petersilie waschen, trocken schütteln und hacken. Saure Sahne mit Salz und Pfeffer würzen. Borschtsch mit einem Klacks saurer Sahne, Petersilie und Dill anrichten.

Obwohl die Gerste als die älteste Getreidesorte der Welt gilt, dauerte es bis ins 17. Jahrhundert, bis Graupen »erfunden« wurden. Graupen sind die geschälten, geschliffenen und polierten Körner der Gerste. Da sie sättigend und lange haltbar sind, schafften sie es 1854 sogar in die Hamburger Seemannsordnung: 350g Graupen wurden jedem Matrosen pro Tag zugeschrieben. Eine schmackhafte Art, das Getreide zuzubereiten, ist die Verarbeitung zur nahrhaften Suppe.

Graupensuppe

Für 4 Personen
Zubereitungszeit: 45 Minuten

Für die Suppe
½ Gemüsezwiebel
20 g Butter
200 g Graupen (Rollgerste)
1 EL Dinkelmehl (Type 630)
1,5 l Gemüsebrühe
100 g Lauch
2 Karotten
ca. 200 g Knollensellerie
1–2 festkochende Kartoffeln
½ Bund Petersilie (oder Schnittlauch)
Salz
Pfeffer

Die Zwiebel schälen und fein würfeln. Die Butter in einem Topf erhitzen, die Zwiebel darin glasig anbraten. Die Graupen einrühren, mit dem Mehl bestäuben und etwa 1 Minute farblos andünsten. Die Gemüsebrühe angießen und alles zum Kochen bringen. Die Hitze reduzieren und die Suppe etwa 25 Minuten zugedeckt unter gelegentlichem Rühren bei schwacher Hitze köcheln lassen.

Lauch, Karotten, Sellerie und Kartoffeln waschen und putzen bzw. schälen. Lauch in feine Ringe, Karotten, Sellerie und Kartoffeln in kleine Würfel schneiden. Das Gemüse nach etwa 25 Minuten zur Suppe geben und weitere 10–15 Minuten mitköcheln. Petersilie waschen, trocken schütteln und grob hacken.

Die Suppe mit Salz und Pfeffer würzen. Mit Petersilie bestreut servieren.

Wer im Ruhrgebiet Schlabberkappes bestellt, bekommt einen deftigen Eintopf serviert. Die Hauptzutat dieses wärmenden Wintereintopfs ist Weißkohl, im Ruhrgebiet »Kappes« genannt. In unserem Rezept wird die traditionelle Fleischeinlage durch leckere Grünkernklöße ersetzt.

Schlabberkappes mit Grünkernklößen

Für 4–6 Personen
Zubereitungszeit: 1 Stunde

Für die Klöße
100 g Grünkernschrot
200 ml Gemüsebrühe
½ Zwiebel
½ EL Rapsöl zum Anbraten
½ Bund Schnittlauch
1 TL Senf
2 EL Hartweizengrieß
2 EL Mehl
Salz
Pfeffer

Für den Eintopf
400 g festkochende Kartoffeln
650 g Weißkohl
1–2 Karotten
2 Schalotten
½ Lauchstange
2 EL Rapsöl zum Anbraten
¼ TL Anissamen
½ TL Fenchelsamen
1 TL Kümmelsamen (nach Belieben)
ca. 1,2 l Gemüsebrühe
1 Lorbeerblatt
Salz
Pfeffer
½ Bund Petersilie

Für die Klöße den Grünkernschrot mit der Gemüsebrühe in einem Topf aufkochen, vom Herd nehmen und etwa 30 Minuten quellen lassen. Gelegentlich den Schrot mit einer Gabel durchrühren und auflockern. Währenddessen für den Eintopf die Kartoffeln schälen und würfeln. Kohl waschen, putzen und vierteln. Den harten Strunk herausschneiden, Kohl in dünne Streifen schneiden. Karotten schälen und in Scheiben schneiden. Schalotten schälen und fein würfeln. Lauch waschen, putzen und in feine Ringe schneiden.

Öl in einem Topf erhitzen, Schalotten darin glasig andünsten. Gewürze dazugeben und kurz mit anbraten. Den Weißkohl und Lauch 2–3 Minuten mitbraten und mit Brühe ablöschen. Lorbeerblatt hinzufügen, alles bei mittlerer Hitze zugedeckt sanft köcheln lassen. Nach etwa 10 Minuten Kartoffeln und Karotten dazugeben und 15–20 Minuten sanft köcheln lassen. Mit Salz und Pfeffer abschmecken. Die Petersilie waschen, trocken schütteln und hacken. Den Großteil unter den Eintopf rühren, übrige Petersilie zum Servieren verwenden.

Für die Klöße die Zwiebel schälen und fein würfeln. Öl in einer Pfanne erhitzen und die Zwiebel darin anbraten. Schnittlauch waschen, trocken schütteln und in feine Röllchen schneiden. Grünkernschrot mit den übrigen Zutaten zu einem gut formbaren Teig rühren. 10 Minuten ziehen lassen, erneut mit Salz und Pfeffer abschmecken.

Reichlich Salzwasser in einem großen, weiten Topf zum Kochen bringen, Hitze reduzieren. Aus der Grünkernmasse mit leicht feuchten Händen kleine Klöße formen und im siedenden Salzwasser etwa 10 Minuten ziehen lassen, bis sie nach oben steigen. Mit einer Schaumkelle abschöpfen, etwas abtropfen lassen und mit dem Eintopf servieren.

Klare Brühe mit Einlage

Für 4 Personen
Zubereitungszeit:
1 Stunde 30 Minuten

Für die Flädle
50 ml Milch
1 Ei
2 EL Öl
50 g Mehl
Salz

Für die Grießnocken
50 g weiche Butter
1 Ei (Größe M)
Salz
100 g Hartweizengrieß
Öl zum Einpinseln

Für die Buchweizenklößchen
120 ml Milch
40 g Butter
60 g Buchweizenmehl
Salz
1 Ei (Größe M)
1 TL Schnittlauchröllchen
Öl zum Einpinseln

Außerdem
200 g Knollensellerie
200 g Karotten
½ Lauchstange
ca. 1,2 l Gemüsefond
(s. S. 177)
Schnittlauchröllchen

Für die Flädle Milch, Ei und 1 EL Öl verquirlen. Das Mehl unterrühren, mit Salz würzen. 1 EL Öl in einer beschichteten Pfanne erhitzen und darin nacheinander zwei dünne Pfannkuchen goldbraun backen. Etwas abkühlen lassen, noch warm aufrollen und in feine Streifen schneiden. Zugedeckt beiseitestellen.

Für die Grießnocken Butter und Ei mit 1 Prise Salz schaumig aufschlagen. Nach und nach den Grieß einrühren, 4–5 Minuten ruhen lassen. Mit zwei befeuchteten Teelöffeln Nocken abstechen, die Teelöffel dabei immer wieder in Wasser tauchen. In siedendes Salzwasser gleiten lassen und 5 Minuten garen. Bei niedriger Temperatur weitere 10–15 Minuten ziehen lassen. Mit einer Schaumkelle abschöpfen und auf einem mit Öl eingepinselten Teller beiseitestellen.

Für die Buchweizenklößchen Milch und Butter in einem kleinen Topf zum Kochen bringen. Den Topf vom Herd nehmen, das Mehl und etwas Salz hinzufügen und alles gut verrühren. Den Topf zurück auf die Herdplatte stellen und so lange rühren, bis sich die Masse als Kloß vom Topfboden löst. Etwas abkühlen lassen, anschließend das Ei und die Schnittlauchröllchen unterrühren. Mit feuchten Händen kleine Klößchen formen und bei schwacher Hitze etwa 10 Minuten in siedendem Salzwasser gar ziehen lassen. Mit einer Schaumkelle abschöpfen und ebenfalls auf einem mit Öl eingepinselten Teller beiseitestellen.

In der Zwischenzeit Sellerie und Karotten schälen und in sehr feine Streifen schneiden. Lauch waschen, putzen und in feine Ringe schneiden. Gemüsefond in einem Topf aufkochen, das Gemüse dazugeben und bei mittlerer Hitze in einigen Minuten bissfest garen. Nockerl und Klößchen zur Suppe geben und erwärmen. Flädle auf Tellern verteilen, mit der Suppe übergießen und die Suppe mit etwas Schnittlauch bestreut servieren.

Kaum ein Lebensmittel wird so sehr mit der norddeutschen Küche verbunden wie Grünkohl. Grünkohl ist dabei nicht nur vielfältig einsetzbar, etwa als Saft, in Salaten, eingekocht oder in Eintöpfen, sondern kann sich durch die enthaltenen Phytonährstoffe positiv auf die Stimmungslage auswirken.

Grünkohl-Eintopf mit Emmer

Für 4 Personen
Zubereitungszeit: 30 Minuten

Für den Eintopf
150 g Emmer
1 Zwiebel
2 Karotten
1 Petersilienwurzel
¼ Sellerieknolle
300 g Kartoffeln
½ Lauchstange
1 TL Fenchelsamen
1 Piment
2 EL Öl
ca. 1,2 l Gemüsebrühe (s. S. 177)
2 Lorbeerblätter
300–400 g Grünkohl
Salz
Pfeffer
frische Kräuter (z. B. Petersilie, Schnittlauch, Dill), grob gehackt

Emmer in einem feinen Sieb unter fließendem Wasser gründlich waschen. In einen Topf geben und in der dreifachen Menge Wasser in etwa 20 Minuten zugedeckt weich kochen. Durch ein Sieb abgießen und abtropfen lassen.

In der Zwischenzeit die Zwiebel schälen und fein würfeln. Karotten, Petersilienwurzel, Sellerie und Kartoffeln waschen, schälen und in mundgerechte Stücke schneiden. Den Lauch waschen, putzen und in feine Ringe schneiden.

Fenchelsamen und Piment in einem Mörser fein mahlen. Das Öl in einem großen Topf erhitzen, Zwiebel darin glasig dünsten. Die Gewürzmischung unterrühren und kurz mitbraten. Das Gemüse dazugeben, ebenfalls kurz mitbraten und mit Gemüsebrühe ablöschen. Die Lorbeerblätter in den Topf geben und den Eintopf abgedeckt 15 Minuten köcheln lassen, bis das Gemüse weich ist.

Kurz vor Ende der Garzeit den Grünkohl waschen. Die Blätter von den Stängeln zupfen, in kleine Stücke reißen oder schneiden und in den Eintopf geben. Ein paar Minuten mitkochen lassen. Emmer unter das Gemüse rühren und den Eintopf mit Salz und Pfeffer abschmecken. Auf Suppenteller verteilen, mit den Kräutern bestreuen und servieren.

Schnüsch oder Husch Nusch ist eine Gemüsesuppe, die ihren Ursprung in Schleswig-Holstein hat. Dabei wird typisches Sommergemüse wie Dicke und grüne Bohnen, Erbsen, Kohlrabi und Kartoffeln in Milch statt Wasser gekocht. Schnüsch heißt so viel wie »quer durch den Garten«. In den Eintopf kann alles, was die Jahreszeit oder der Garten gerade hergibt.

Schnüsch

Für 4 Personen
Zubereitungszeit: 45 Minuten

Für den Eintopf
- 550 g Erbsenschoten (ergibt gepalt ca. 150 g; ersatzweise TK-Erbsen)
- 700 g Dicke Bohnen (ergibt gepalt ca. 200 g; ersatzweise TK-Bohnen)
- 250 g Karotten
- 1 kleiner Kohlrabi
- 400 g festkochende Kartoffeln
- 200 g grüne Bohnen
- 2 Schalotten
- 60 g Butter
- 1 EL Mehl (ca. 10 g)
- 350 ml Milch
- 250 ml Gemüsebrühe
- 200 g Schlagsahne
- Salz
- Pfeffer
- 1 Bund Petersilie

Die Erbsen und die Bohnen aus den Schoten palen. Die Dicken Bohnen in Salzwasser 8–10 Minuten kochen, abschrecken und die Kerne aus den Häuten drücken. Die Karotten schälen, putzen und in Scheiben schneiden. Kohlrabi und Kartoffeln schälen und klein würfeln. Grüne Bohnen waschen, putzen, dritteln und in Salzwasser etwa 7 Minuten kochen. Abgießen, kalt abschrecken und abtropfen lassen.

Die Schalotten schälen und fein würfeln. Butter in einem Topf erhitzen, Zwiebeln und Kartoffeln darin glasig braten. Karotten dazugeben und kurz mit anbraten. Mit Mehl bestäuben und vermischen. Milch, Brühe und Sahne dazugießen, alles gut verrühren und etwa 5 Minuten kochen lassen. Die Erbsen dazugeben und weitere 5 Minuten kochen. Zum Schluss die Bohnen dazugeben und 2–3 Minuten kochen. Mit Salz und Pfeffer würzen.

Petersilie waschen, trocken schütteln und grob hacken. Einen Großteil unter den Eintopf rühren. Fertigen Schnüsch in Suppentellern anrichten und mit der übrigen Petersilie bestreut servieren.

Tipp: Beim Zubereiten immer den Garpunkt der einzelnen Gemüsesorten beachten und entsprechend lange kochen.

Wer den Namen Aalsuppe hört, denkt vermutlich als allererstes an einen Fischeintopf. Zu seinen Ursprungszeiten suchte man den Fisch im Hamburger Traditionsgericht allerdings vergeblich. Früher kam in den Eintopf schlicht »aalens was noch da is'« – und das war neben Fleischknochen vor allem Gemüse. Wir bereiten die schmackhafte Suppe mit Gemüsefond und den für Aalsuppe typischen Schwemmklößchen (buttrige Mehlklößchen) zu.

Hamburger Aalsuppe mit Schwemmklößchen

Für 4 Personen
Zubereitungszeit: 50 Minuten

Für die Suppe
200 g Knollensellerie
250 g Karotten
½ Lauchstange
½ Bund Petersilie
4 Stängel Estragon
1 Zweig Thymian
ca. 1,2 l Gemüsefond (s. S. 177)
200 g gemischtes Backobst (Apfelringe, Dörrpflaumen)
Salz
Pfeffer
Weißweinessig
2 EL Brunnenkresse (nach Belieben)

Für die Schwemmklößchen
50 g Butter
100 ml Milch
Salz
frisch geriebene Muskatnuss
60 g Weizenmehl (Type 405)
60 g Weichweizengrieß
1 Ei (Größe M)

Sellerie und Karotten schälen und in feine Streifen schneiden. Lauch waschen, putzen und in feine Ringe schneiden. Kräuter waschen, trocken schütteln, Blätter ggf. abzupfen und grob hacken. Wer mag, legt ein paar Petersilienstängel für die Garnitur beiseite.

Für die Schwemmklößchen Butter mit Milch und 100 ml Wasser in einem kleinen Topf aufkochen, mit Salz und 1 Prise Muskat würzen. Mehl und Grieß dazugeben und mit einem Holzlöffel rasch unterrühren. So lange weiterrühren, bis sich ein Teigkloß gebildet hat, der sich vom Topfboden löst. Den Teig in einer Schüssel leicht auskühlen lassen und das Ei unterrühren, bis ein glatter Teig entstanden ist.

Mithilfe von zwei Teelöffeln Nocken aus dem Teig formen und diese in einem Topf mit siedendem Salzwasser garen, bis die Nocken an die Oberfläche steigen. Vom Herd ziehen und beiseitestellen.

Den Gemüsefond aufkochen, das Backobst darin etwa 10 Minuten sanft köcheln lassen. Lauch und Gemüsestreifen dazugeben und in einigen Minuten gar kochen. Kräuter dazugeben, die Suppe mit Salz und Pfeffer würzen und mit etwas Essig süß-säuerlich abschmecken. Die Klöße mit einer Schaumkelle aus dem Wasser nehmen und zur Suppe geben. Nach Belieben mit etwas Brunnenkresse und Petersilie garniert servieren.

Zwiebelsuppe galt wegen der günstigen Zutaten lange Zeit als ein Essen der Armen. Bereits im Jahr 1885 erschien ein Rezept im Praktischen Kochbuch für die bürgerliche, sowie feine Küche. *Je nach Region werden die dünn geschnittenen Zwiebeln in Wasser, Fleischbrühe oder Weißwein gegart, bis sie ihre Schärfe verlieren.*

Zwiebelsuppe

Für 4 Personen
Zubereitungszeit: 2 Stunden

Für die Suppe
1,2 kg Gemüsezwiebeln
2 Knoblauchzehen
50 g Butter
Salz
1 TL Zucker
1½ EL Mehl
250 ml Weißwein
800 ml Gemüsebrühe
1 Lorbeerblatt
2–3 Stängel Majoran
Pfeffer

Außerdem
4 Scheiben Sauerteigbrot
1 Knoblauchzehe
80–100 g würziger Käse (z. B. Gruyère oder Bergkäse), gerieben
1–2 EL Petersilie

Zwiebeln und Knoblauch schälen. Die Zwiebeln halbieren und in dünne Scheiben schneiden. Den Knoblauch fein hacken.

In einem großen Topf mit breitem Boden die Butter erhitzen, Zwiebeln und Knoblauch darin andünsten. Salz und Zucker dazugeben und die Zwiebeln unter gelegentlichem Rühren bei mittlerer Hitze karamellisieren lassen, bis sie weich sind und eine goldbraune Farbe angenommen haben (mindestens 1 Stunde). Die Zwiebeln verlieren anfangs viel Flüssigkeit, es dauert eine gute Zeit, bis sie tatsächlich beginnen, braun zu werden und zu karamellisieren. Je länger sie schmoren, desto dunkler und aromatischer wird am Ende die Suppe.

Die Zwiebeln mit Mehl bestäuben und unter Rühren 2 Minuten braten. Mit Weißwein ablöschen und aufkochen. Mit Brühe aufgießen, Lorbeer und Majoran dazugeben und rund 20 Minuten bei niedriger bis mittlerer Hitze offen köcheln lassen. Mit Salz und Pfeffer abschmecken.

Die Suppe in ofenfeste Suppenschalen füllen. Brotscheiben so zurechtschneiden, dass sie auf die Schalen passen. Knoblauch halbieren und die Brotscheiben mit den Knoblauchhälften einreiben. Das Brot auf die Suppe legen. Mit Käse bestreuen und unter dem heißen Backofengrill goldbraun gratinieren. Mit Petersilie bestreut servieren.

Was heute ein Trend ist, war früher notwendiger Alltag: Die Verwertung aller Bestandteile eines Lebensmittels. Nach dem Leaf-to-Root-Prinzip lässt sich aus Spargelschalen und -enden des teuren Gemüses eine aromatische Spargelsuppe zubereiten. Für etwas Biss in der Suppe sorgen Einkorn und Pumpernickel.

Spargelsuppe aus Spargelresten mit Einkorn

Für 4 Personen
Zubereitungszeit: 40 Minuten

Für die Einlage
100 g Einkorn
Salz
1 EL Butter
1 Scheibe Pumpernickel (60 g)
1 Handvoll Petersilie
grobes Meersalz

Für die Suppe
Schalen und Abschnitte von ca. 1 kg weißem Bio-Spargel
½ TL Zucker
Salz
50 g Butter
50 g Mehl
150 g Schlagsahne
Pfeffer

Einkorn in einem feinen Sieb gründlich waschen, mit der dreifachen Menge Wasser in einem Topf aufkochen und bei schwacher Hitze in etwa 30 Minuten mit geschlossenem Deckel gar ziehen lassen. Durch ein Sieb abgießen und abtropfen lassen. Mit Salz abschmecken.

Währenddessen für die Suppe die gesammelten Spargelschalen und -abschnitte waschen und in einen mittelgroßen Topf geben. Etwas platt drücken und mit circa 1,2 l Wasser auffüllen, bis alles bedeckt ist. Zucker und etwas Salz dazugeben, kurz aufkochen und bei geschlossenem Deckel etwa 30 Minuten sanft köcheln lassen. Den Spargelsud durch ein Sieb gießen und auffangen.

Die Butter in einem Topf erhitzen. Das Mehl dazugeben und unter Rühren anschwitzen. 1 l Spargelsud unter ständigem Rühren langsam dazugeben. Kurz aufkochen lassen, bis die Suppe andickt. Sahne dazugießen, die Hitze reduzieren und die Suppe einige Minuten leicht köcheln lassen. Ist sie noch zu dickflüssig, etwas Flüssigkeit dazugießen. Mit Salz und Pfeffer abschmecken.

Für die Einlage die Butter in einer Pfanne erhitzen. Pumpernickel mit den Fingern zerbröseln und in der Butter anrösten. 2 EL Einkorn dazugeben. Die Petersilie waschen, trocken schütteln und hacken. Zusammen mit grobem Meersalz unterrühren. Übriges Einkorn auf Suppenteller verteilen, mit der Suppe aufgießen und mit dem Pumpernickel-Einkorn-Crunch bestreuen.

Passend zum Rezept aus Resten: Unser Spargel mit Kräuter-Kratzete und Sauce gribiche (s. S. 117).

Bärlauchsuppe mit pochierten Eiern und Brotchips

Für 4 Personen
Zubereitungszeit: 30 Minuten

Für die Suppe
350 g Kohlrabi mit Blättern (ca. 2 Stück)
1 Zwiebel
1 mehligkochende Kartoffel (ca. 150 g)
2 EL Rapsöl
600 ml Gemüsebrühe
120–150 g Bärlauch
100 g Schlagsahne, plus etwas mehr zum Beträufeln
Salz
Pfeffer

Für die Brotchips
100 g altes Brot (oder Brötchen) vom Vortag
1–2 EL Rapsöl
Salz

Außerdem
2 EL Essig
4 Eier (Größe M)
2–3 EL fein gehackte Petersilie
Pfeffer

Sollte der Kohlrabi eine harte, dicke Schale haben, die Schale und den Strunk entfernen. Die Blätter des Kohlrabis und den Kohlrabi in kleine Stücke schneiden.

Zwiebel und Kartoffel schälen und grob würfeln. Öl in einem Topf erhitzen. Die Zwiebelwürfel darin bei mittlerer Hitze glasig braten. Kohlrabi und Kartoffel dazugeben und kurz mit anbraten. Mit Gemüsebrühe ablöschen. Zugedeckt 10–15 Minuten sanft köcheln lassen, bis das Gemüse gar ist.

In der Zwischenzeit den Backofen auf 190 °C (Umluft) vorheizen. Brot in sehr dünne, mundgerechte Stücke schneiden. Auf einem mit Backpapier belegten Blech verteilen, mit etwas Öl bepinseln und mit Salz bestreuen. Im vorgeheizten Ofen (Mitte) in etwa 5 Minuten goldbraun und knusprig backen. Herausnehmen und abkühlen lassen.

Für die Suppe den Bärlauch gründlich waschen, trocken schütteln und grob hacken. Zur Suppe geben, unterheben und kurz ziehen lassen. Sahne angießen und die Suppe mit einem Pürierstab oder einem Standmixer fein pürieren. Mit Salz und Pfeffer abschmecken. Bei schwacher Hitze warm halten.

Für die pochierten Eier Wasser mit Essig in einem Topf aufsetzen und bis zum Siedepunkt erhitzen, es sollte nicht kochen. Mit einem Rührlöffel das Wasser so umrühren, dass ein Strudel entsteht. Ein Ei in eine Tasse aufschlagen und zügig in die Mitte des Strudels gleiten lassen, 3–4 Minuten ziehen lassen, anschließend mit einer Schaumkelle herausheben. Mit den übrigen Eiern ebenso verfahren.

Die Bärlauchsuppe in tiefen Tellern anrichten. Pochiertes Ei hineinsetzen, die Suppe mit etwas Sahne beträufeln und mit Petersilie und Pfeffer bestreuen. Mit den Brotchips servieren.

Bei den Germanen war der Bär ein Tier, das symbolisch für Kraft und Stärke stand. Pflanzen, die den Bären im Namen tragen, galten dementsprechend als kraftgebend, fruchtbarkeitsfördernd und reinigend – wie der Bärlauch. Das Wildkraut, das traditionell den Frühling einläutet, ist auch heute noch sehr beliebt. Unser Favorit im Frühling: eine mild nach Knoblauch schmeckende Suppe mit pochiertem Ei und Brotchips.

An kalten und regnerischen Herbsttagen ist eine heiße Kastaniensuppe das perfekte Gericht. Die cremige und deftige Suppe ist deshalb nicht nur in der Pfalz beliebt, wo wegen des milden Klimas Esskastanienbäume gedeihen. Wir veredeln den Klassiker mit einem Pfifferling-Haselnuss-Topping.

Kastaniencremesuppe mit Pfifferling-Haselnuss-Topping

Für 4 Personen
Zubereitungszeit: 30 Minuten

Für die Suppe
1 Zwiebel
½ süß-säuerlicher Apfel (z. B. Jonagold, Boskoop)
20 g Butter
300 g vorgegarte Maronen
125 ml Weißwein
500 ml Gemüsebrühe
1 Sternanis
200 g Schlagsahne
Salz
Pfeffer

Für das Topping
30 g Haselnusskerne
ca. 200 g Pfifferlinge
20 g Butter
1 EL Weißweinessig
1 TL Honig
Salz
Pfeffer
2 Stängel Majoran

Zwiebel schälen und fein würfeln. Apfel schälen, entkernen und grob würfeln. Butter in einem Topf erhitzen und die Zwiebel darin bei mittlerer Hitze anbraten. Die Maronen grob hacken, zusammen mit dem Apfel in den Topf geben und kurz mitbraten.

Mit Weißwein ablöschen. Den Wein etwas einkochen lassen und anschließend mit der Gemüsebrühe auffüllen. Sternanis und Sahne dazugeben und die Suppe zugedeckt etwa 15 Minuten sanft köcheln lassen.

Währenddessen für das Topping die Haselnusskerne grob hacken und in einer Pfanne ohne Fett anrösten, bis sie duften. Beiseitestellen.

Pfifferlinge putzen. Große Pilze nach Belieben halbieren. Butter in einer Pfanne erhitzen und die Pilze darin anbraten. Essig und Honig dazugeben und gut durchschwenken. Mit Salz und Pfeffer abschmecken.

Majoran waschen, trocken schütteln und die Blätter abzupfen. Die Kastaniensuppe mit dem Stabmixer fein pürieren und mit Salz und Pfeffer abschmecken. Die Suppe in tiefen Tellern oder Schalen anrichten und mit gebratenen Pfifferlingen, Haselnüssen, Pfeffer und Majoran servieren.

Sauerampfer zählt wie Bärlauch, Brennnessel oder Löwenzahn zu den Wildkräutern. Wie der Name schon verrät, hat Sauerampfer einen feinen säuerlichen Geschmack, der ideal zur erdigen Kartoffel passt. Dem Kraut wird zudem nachgesagt, dass es bei Magen-Darm-Beschwerden helfen soll.

Cremige Sauerampfersuppe mit karamellisierten Walnüssen

Für 4 Personen
Zubereitungszeit: 30 Minuten

Für die Suppe
400 g mehligkochende Kartoffeln
1 Lauchstange
1 Zwiebel
250 g Sauerampfer
2 EL Rapsöl
ca. 1 l Gemüsebrühe
200 g Schlagsahne
Salz
Pfeffer
frisch geriebene Muskatnuss

Für das Topping
1½ EL Honig
40 g Walnusskerne
1 Handvoll Liebstöckel, gehackt

Die Kartoffeln schälen und grob würfeln. Lauch waschen, putzen und in Ringe schneiden. Zwiebel schälen, halbieren und grob würfeln. Sauerampfer waschen, Blätter von den Stielen abzupfen und grob hacken.

Öl in einem Topf erhitzen. Kartoffeln, Lauch und Zwiebel darin anbraten. Mit der Gemüsebrühe auffüllen, aufkochen lassen und abgedeckt 15–20 Minuten köcheln lassen, bis das Gemüse gar ist.

In der Zwischenzeit die karamellisierten Walnüsse zubereiten. Dafür den Honig mit 1½ EL Wasser in einer Pfanne aufkochen, die Walnüsse dazugeben und unter Rühren mit dem Karamell ummanteln. Auf einem mit Backpapier belegten Backblech nebeneinander verteilen und abkühlen lassen. Die Nüsse grob hacken und bis zum Servieren beiseitestellen.

150 g Sahne und Sauerampfer zur Suppe geben und alles mit einem Pürierstab fein pürieren. Mit Salz, Pfeffer und Muskatnuss abschmecken.

Die Suppe in tiefen Tellern oder Schalen anrichten und mit der übrigen Sahne, Walnusskernen und gehacktem Liebstöckel servieren.

Kartoffelsuppe mit Dampfnudeln

Für 4–6 Personen
Zubereitungszeit: 50 Minuten
Ruhezeit: 1 Stunde 30 Minuten

Für die Dampfnudeln
ca. 300 ml Milch
50 g Butter
500 g Weizenmehl (Type 550)
1 TL Zucker
8 g Salz
½ Würfel frische Hefe (21 g)
2 EL Butter
1 TL Salz

Für die Suppe
1 kg mehligkochende Kartoffeln
1 große Zwiebel
2 Karotten
1 Lauchstange
½ TL Kümmelsamen
2 Gewürznelken
20 g Butter
1 TL getrockneter Majoran
2 Lorbeerblätter
ca. 1 l Gemüsebrühe
Salz
Pfeffer
frisch geriebene Muskatnuss
2–3 EL Weißweinessig
100 g Schlagsahne (nach Belieben)
½ Bund Petersilie, grob gehackt

Für die Dampfnudeln Milch und Butter in einem kleinen Topf lauwarm erwärmen. Mehl, Zucker und Salz in einer Schüssel mischen. Hefe hineinbröckeln, Milch-Butter-Gemisch dazugießen und in 5 Minuten mit den Knethaken des Handrührgeräts auf kleinster Stufe zu einem Teig kneten. Anschließend 10–15 Minuten auf zweiter Stufe kräftig kneten. Abdecken und etwa 1 Stunde bei Zimmertemperatur ruhen lassen, bis sich das Volumen verdoppelt hat. Anschließend nochmals durchkneten und 70–80 g schwere Teiglinge abstechen. Rund formen und abgedeckt weitere 30 Minuten ruhen lassen.

Inzwischen die Suppe zubereiten. Kartoffeln, Zwiebel und Karotten schälen und würfeln. Lauch waschen, putzen und in Ringe schneiden. Kümmel und Nelken mörsern. Butter in einem großen Topf erhitzen. Die Zwiebelwürfel zusammen mit Kümmel, Nelken, Majoran und Lorbeer darin anschwitzen. Kartoffeln, Karotten und Lauch dazugeben und kurz mitbraten. Mit Gemüsebrühe auffüllen und zugedeckt sanft köcheln lassen, bis die Kartoffeln weich sind. Lorbeerblätter herausnehmen, die Hälfte der Suppe abnehmen und pürieren. Zurück in den Topf füllen. Die Suppe nach Geschmack mit Salz, Pfeffer, 1 Prise Muskat und Essig abschmecken. Nach Belieben mit Sahne verfeinern. Kurz vor dem Servieren grob gehackte Petersilie einstreuen.

Für die Dampfnudeln eine beschichtete Pfanne mit einem nach oben gewölbten Glasdeckel etwa 1 cm hoch mit Wasser füllen. Butter und Salz dazugeben und aufkochen lassen. Sobald das Wasser kocht, fünf bis sieben Teiglinge (je nach Größe) mit etwas Abstand in die Pfanne setzen. Glasdeckel auflegen und 3 Minuten kochen lassen. Temperatur soweit zurückschalten, dass der Sud nur noch sanft köchelt und die Dampfnudeln weitere 15–20 Minuten garen. Der Sud sollte am Ende komplett aufgebraucht sein und die Dampfnudeln an der Unterseite eine knusprige, braune Kruste haben. Deckel während der gesamten Kochzeit nicht anheben, sonst fallen die Dampfnudeln in sich zusammen.

Jede Region hat ihre ganz eigene Art, Kartoffelsuppe zu kochen. Während im Norden auch mal Backpflaumen in die Suppe kommen, wird die nahrhafte »Grumbeersupp« in der Pfalz gerne in Kombination mit Zwetschgenkuchen (»Quetschekuche«) oder, wie in unserem Rezept, mit Dampfnudeln gegessen.

Den Deckel schnell zur Seite abheben, es soll kein Wasser auf die Dampfnudeln tropfen. Mit einem Pfannenwender jede Dampfnudel einzeln aus der Pfanne heben.

Die übrigen Dampfnudeln ebenso zubereiten, zwischendurch die Pfanne mit Küchenpapier ausreiben. Die fertigen Dampfnudeln zur Kartoffelsuppe servieren.

Geht es um die traditionelle Küche Süddeutschlands, dann kommt man an Linsen nicht vorbei. Das liegt vor allem daran, dass die Schwäbische Alb mit ihren trockenen, kalkreichen Böden beste Anbaubedingungen für Linsen bietet. So entwickelten sich in der Region viele Rezepte mit Linsen wie Spätzle mit Linsen oder Linsensuppe.

Linsensuppe

Für 4 Personen
Zubereitungszeit: 50 Minuten

Für die Suppe
300 g Berglinsen
1 rote Zwiebel
1 Knoblauchzehe
2 EL Rapsöl
2 EL Tomatenmark
ca. 1 ¼ l Gemüsebrühe
2 Lorbeerblätter
2 Karotten
1 Pastinake
ca. 200 g Knollensellerie
ca. 100 g Lauch
1 TL getrockneter Majoran
1 Handvoll Brunnenkresse
2–3 EL Rotweinessig
¼ TL Paprikapulver geräuchert
Salz
Pfeffer

Die Linsen in einem Sieb abwaschen und abtropfen lassen. Zwiebel und Knoblauch schälen und fein würfeln. Öl in einem großen Topf erhitzen und die Zwiebel darin bei mittlerer Hitze glasig anbraten. Knoblauch und Tomatenmark dazugeben und kurz mitbraten. Linsen dazugeben, kurz anbraten und mit der Brühe aufgießen.

Lorbeerblätter zur Suppe geben, kurz aufkochen lassen und abgedeckt 10–15 Minuten köcheln lassen.

In der Zwischenzeit Karotten, Pastinake und Sellerie schälen und in Würfel schneiden. Lauch waschen, putzen und in feine Ringe schneiden. Das Gemüse zusammen mit dem Majoran nach 10–15 Minuten zu den Linsen geben und die Suppe weitere etwa 15 Minuten zugedeckt köcheln lassen.

Die Brunnenkresse waschen und trocken schütteln. Die Suppe mit Essig, Paprikapulver, Salz und Pfeffer abschmecken und mit der Kresse garnieren.

Hühnerfleisch sucht man in diesem Eintopf vergeblich. Vielmehr ist der Name Blindhuhn auf ein altes Sprichwort zurückzuführen: »Auch ein blindes Huhn findet ab und zu mal ein Korn!« Soll heißen: Durch Zufall wurde schon so manche Lösung für ein Problem entdeckt – so wohl auch das Rezept für diesen Eintopf, in dem wirklich jeder etwas finden dürfte, das ihm schmeckt.

Westfälisches Blindhuhn

Für 4 Personen
Zubereitungszeit: 40 Minuten

Für den Eintopf
2 kleine Zwiebeln
300 g festkochende Kartoffeln
250 g Karotten
300 g grüne Bohnen
250 g Äpfel
250 g Birnen
1 Dose weiße Bohnen (Abtropfgewicht 250 g)
2 Stängel Bohnenkraut
2–3 Stängel Oregano
3 EL Rapsöl zum Braten
2 Lorbeerblätter
1 l Gemüsebrühe
150–200 g Räuchertofu
Salz
Pfeffer
Zucker
2–3 EL heller Apfelessig

Die Zwiebeln schälen und fein würfeln. Kartoffeln und Karotten schälen, waschen und würfeln. Bohnen putzen, waschen und in 3–4 cm lange Stücke schneiden. Äpfel und Birnen schälen, vierteln und entkernen. Die Äpfel in Würfel, die Birnen in Spalten schneiden. Weiße Bohnen in ein Sieb gießen, mit kaltem Wasser abspülen und abtropfen lassen. Bohnenkraut und Oregano waschen und trocken schütteln.

1 EL Öl in einem großen Topf erhitzen und die Hälfte der Zwiebeln darin glasig anbraten. Grüne Bohnen, Kartoffeln und Karotten, Kräuter und Lorbeerblätter dazugeben, Gemüsebrühe dazugießen und etwa 20 Minuten zugedeckt köcheln lassen, bis das Gemüse gar ist. Nach etwa 10 Minuten Äpfel, Birnen und weiße Bohnen hinzufügen.

Inzwischen den Tofu in etwa 5 mm große Würfel schneiden und gut mit Küchenpapier abtupfen. 2 EL Öl in einer Pfanne erhitzen und die übrigen Zwiebeln darin glasig anbraten, den Tofu dazugeben und bei mittlerer bis starker Hitze in 6 Minuten rundherum goldbraun braten.

Den Eintopf mit Salz, Pfeffer, etwas Zucker und Essig abschmecken. In Schalen anrichten und mit dem Tofu bestreut servieren.

2 BERGLINSEN
1 ALBLINSEN
3 TELLERLINSEN
4 ERBSEN
6 GRÜNE LINSEN
5 WEISSE BOHNEN
5 RIESENBOHNEN

Hülsenfrüchte, die kleinen Energiewunder

1 ALBLINSEN
Allgemein: Alblinse ist ein Sammelbegriff für alle Linsensorten, die auf der Schwäbischen Alb im Süden Deutschlands angebaut werden.
Geschmack: aromatisch-würzig; Alblinsen gelten als besonders intensiv und nussig.
Verwendung: Späths Alblinsen I sind mehligkochend und werden für klassische Linsen mit Spätzle oder für Eintöpfe verwendet. Die Alblinsen II weisen eine festkochende Konsistenz auf und behalten ihre Form auch nach dem Kochen. Sie können deshalb zum Beispiel ideal für Salate eingesetzt werden.

2 BERGLINSEN
Allgemein: Hinter Berglinsen verbirgt sich keine bestimmte Linsensorte, sondern vielmehr ein Sammelbegriff für viele verschiedene Sorten, die gemeinsame Eigenschaften haben. So wachsen Berglinsen in bergigen Regionen zwischen 700 und 1 500 Metern Höhe.
Geschmack: feines, mildes Aroma
Verwendung: Weil Berglinsen beim Kochen nicht weich werden, sondern ihren Biss behalten, sind sie ideal für die Zubereitung von Aufläufen und Bratlingen sowie von Salaten.

3 TELLERLINSEN
Allgemein: Spricht man in Deutschland von Linsen, sind meist die Tellerlinsen gemeint. Die grün-braune Linsensorte wurde bereits vor Hunderten von Jahren angebaut, da sie ein günstiges und nahrhaftes Lebensmittel mit guter Lagerfähigkeit war. Da Linsen so günstig waren, wurden sie auch »Hellerlinsen« genannt, da man sie für einen Heller kaufen konnte. Als der Heller kein Zahlungsmittel mehr war, änderte sich der Name in Tellerlinsen.
Geschmack: mild nussig
Verwendung: Während des Kochens platzt die Schale der Tellerlinsen auf. Sie werden dadurch sämig und passen ideal zu kräftigen Suppen und deftigen Eintöpfen.

4 ERBSEN
Allgemein: Bis ins 17. Jahrhundert wurden Erbsen meist als Mus gegessen, erst im Laufe der Zeit entwickelten sie sich zu einer häufig verwendeten Zutat für viele Gerichte. Die beliebteste Erbse der Deutschen ist die Markerbse, die einen besonders hohen Zuckeranteil hat.
Geschmack: Durch ihren hohen Zuckergehalt schmeckt die Markerbse besonders intensiv, andere Erbsensorten haben einen leicht mehligen Geschmack.
Verwendung: Erbsen und im Besonderen die Markerbsen eignen sich für Eintöpfe, Püree, Bratlinge sowie als Gemüsebeilage.

5 BOHNEN
Allgemein: Bohnen haben in der deutschen Küche eine lange Tradition, da sie leicht anzubauen, günstig und nahrhaft sind. Sie haben viele wichtige Inhaltsstoffe wie Kalium, Magnesium, Eisen und Zink – zudem liefern sie viele Ballaststoffe.
Geschmack: Der Geschmack der Bohne hängt von der Bohnenart ab. So schmecken grüne Bohnen mild, Kidneybohnen eher würzig und weiße Bohnen ganz leicht süßlich.
Verwendung: Bohnen eignen sich je nach Sorte für Eintöpfe, Aufläufe und Salate.

6 GRÜNE LINSEN
Allgemein: Ihren Ursprung haben die grünen Linsen in der Auvergne, wo sie bereits mehr als 2 000 Jahren angebaut werden. Grüne Linsen, die aus dem Anbaugebiet aus der Auvergne stammen, werden auch Le-Puy-Linsen genannt. Die grünen Linsen zählen zu den kleinen Linsensorten und brauchen nur 20 Minuten in kochendem Wasser, bis sie gar sind.
Geschmack: markant nussig
Verwendung: durch ihren festen Biss geeignet für Salate, Suppen und als rustikale Beilage

Deftige Haupt-gerichte

Knödel oder Klöße: Was die Bezeichnung der beliebten Beilage betrifft, teilt sich Deutschland in Nord und Süd. Die Kloß-Knödel-Grenze verläuft entlang des Mains: Während in Süddeutschland die Bezeichnung Knödel gängig ist, wird in Nord-, Mittel- und Westdeutschland hauptsächlich Kloß verwendet. Kloß stammt vom althochdeutschen kloz *für »Klumpen« ab, während der Ursprung des Knödels im mittelhochdeutschen* knode *für »kleiner Hügel« liegt.*

Dreierlei Knödel mit buntem Salat

Für je 12 kleine Knödel
Zubereitungszeit:
ca. 80 Minuten

Für die Rote-Bete-Knödel
200 g gekochte Rote Bete
1 rote Zwiebel
2 EL Butter
250 g Sauerteigbrot vom Vortag
ca. 100 ml Milch
2 Eier (Größe M)
2–3 EL Semmelbrösel
ca. 3 EL Petersilie
Salz
Pfeffer
75 g Ziegenfrischkäse

Für die Brezenknödel
1 Zwiebel
2 EL Butter
4 Brezen vom Vortag (ca. 60 g pro Breze)
ca 200 ml Milch
2 Eier (Größe M)
3 EL gehackte Petersilie
1 TL Salz
Pfeffer

Für die Spinatknödel
250 g Spinat
250 g Weißbrot (vom Vortag)
ca. 125 ml Milch
1 Zwiebel
2 EL Butter
2 Eier (Größe M)
Salz
Pfeffer
frisch geriebene Muskatnuss
evtl. Semmelbrösel

Für den Salat
100 g Brombeeren
200 g Pflücksalat
4 EL Rapsöl
2 EL Rotweinessig
2 EL Preiselbeerkonfitüre
Salz
Pfeffer
50 g kräftiger Bergkäse
1 Handvoll Haselnüsse, grob gehackt

Für die Rote-Bete-Knödel die Rote Bete fein raspeln. Zwiebel schälen, halbieren und in feine Würfel schneiden.

Die Butter in einer Pfanne erhitzen und die Zwiebelwürfel bei mittlerer Hitze darin glasig andünsten.

Das Brot in kleine Würfel schneiden, mit Milch übergießen und einweichen lassen. Rote Bete, Zwiebelwürfel, Eier, Semmelbrösel und Petersilie untermischen. Mit Salz und Pfeffer abschmecken und 15 Minuten zugedeckt ruhen lassen. Sollte die Masse zu feucht sein, noch etwas Semmelbrösel hinzufügen. Zu zwölf kleinen Knödeln formen, dabei je mit einem Stück Ziegenkäse füllen. In siedendem Salzwasser in rund 15 Minuten gar ziehen lassen.

Für die Brezenknödel die Zwiebel schälen, halbieren und in feine Würfel schneiden. Die Butter in einer Pfanne erhitzen und die Zwiebelwürfel darin anbraten.

Die Brezen in kleine Stücke schneiden, mit Milch übergießen und einweichen. Zwiebel, Eier und Petersilie untermischen. Mit Salz und Pfeffer abschmecken und 15 Minuten zugedeckt ruhen lassen. Mit feuchten Händen zu zwölf kleinen Knödeln formen. Die geformten Knödel in siedendem Wasser in etwa 15 Minuten gar ziehen lassen.

Für die Spinatknödel den Spinat gründlich waschen. In einer Pfanne so lange anbraten, bis er zusammengefallen und die Flüssigkeit verdunstet ist. Lauwarm abkühlen lassen, gut ausdrücken und fein hacken. Brot in kleine Stücke schneiden, Milch erwärmen, über das Weißbrot geben und einweichen lassen. Zwiebel schälen, halbieren und in feine Würfel schneiden. Die Butter in einer Pfanne erhitzen und die Zwiebelwürfel darin glasig anbraten. Zwiebel, Eier und Spinat zur Brotmasse geben und alles gut durchkneten. Mit Salz, Pfeffer und 1 Prise Muskat abschmecken. 15 Minuten zugedeckt ruhen lassen. Sollte die Masse zu feucht sein, etwas Semmelbrösel dazugeben. Mit feuchten Händen zu zwölf kleinen Knödeln formen. Die geformten Knödel in siedendem Wasser in etwa 15 Minuten gar ziehen lassen.

Brombeeren waschen und verlesen. Pflücksalat waschen und trocken schleudern. Öl, Essig und Preiselbeerkonfitüre zu einem Dressing verrühren. Mit Salz und Pfeffer abschmecken und den Salat damit marinieren. Die Brombeeren darüberstreuen und den Salat mit den Knödeln auf Tellern anrichten. Den Bergkäse über die noch warmen Knödel und den Salat hobeln. Mit gehackten Haselnüssen bestreuen und servieren.

Abbildung s. S. 88

In Norddeutschland wird Grünkohl traditionell mit Pinkel, einer Grützwurst aus dem Bremer Umland, gegessen. Aber nicht nur mit Fleischeinlage schmeckt der Klassiker toll: Wir servieren zum Kohl süßlich schmeckende Karamellkartoffeln und herzhafte Blumenkohl-Steaks.

Grünkohl mit Karamellkartoffeln und Blumenkohl-Steaks

Für 4–6 Personen
Zubereitungszeit:
1 Stunde 20 Minuten

Für den Grünkohl
1 kg Grünkohl, geputzt und geschnitten
2 Zwiebeln
2 Knoblauchzehen
Salz
2 EL Öl zum Anbraten
500 ml Gemüsebrühe
3 EL zarte Haferflocken
Pfeffer
Zucker
1–2 EL mittelscharfer Senf

Für die Karamellkartoffeln
800 g kleine festkochende Kartoffeln
3 EL Sonnenblumenöl
1 EL Zucker zum Bestreuen
1 EL Butter
Salz

Für den Blumenkohl
2 kleine Blumenkohle (ca. 1,2 kg)
Rapsöl zum Bestreichen
Salz
Pfeffer
25 g Semmelbrösel
30 g kräftiger Käse, gerieben
abgeriebene Schale von ½ Bio-Zitrone
1 TL Chiliflocken
1 Handvoll Haselnüsse, grob gehackt
1–2 EL gehackte Petersilie

Für die Béchamelsauce
2 EL Butter
2 EL Mehl
250 ml Milch
Salz
Pfeffer
frisch geriebene Muskatnuss

Den Grünkohl gründlich waschen. Zwiebeln und Knoblauch schälen und fein würfeln. Grünkohl in reichlich kochendem Salzwasser portionsweise 3 Minuten blanchieren. Mit einem Schöpflöffel aus dem Topf nehmen und mit kaltem Wasser abschrecken. Abtropfen lassen und ausdrücken.

Das Öl in einem großen Topf erhitzen. Zwiebeln und Knoblauch darin bei mittlerer Hitze glasig andünsten. Grünkohl dazugeben und kurz mitdünsten. Gemüsebrühe dazugießen, kurz aufkochen lassen und 50–60 Minuten bei schwacher Hitze abgedeckt köcheln lassen. Zwischendurch umrühren. Am Ende der Garzeit die Haferflocken zur Bindung unter den Kohl rühren und kurz aufkochen lassen. Den Grünkohl mit Salz, Pfeffer, etwas Zucker und Senf abschmecken.

In der Zwischenzeit die Kartoffeln gründlich waschen und mit Schale in kochendem Wasser etwa 20 Minuten garen. Abgießen, ausdampfen und auskühlen lassen.

Für die Blumenkohl-Steaks den Backofen auf 160 °C vorheizen. Ein Backblech mit Backpapier auslegen. Den Blumenkohl von den harten Blättern am Strunk befreien und waschen.
Den Kohl jeweils in der Mitte durchschneiden. Die entstandenen Hälften jeweils in etwa 2 cm dicke Scheiben schneiden. Darauf achten, dass die Schnitte direkt durch den Strunk gehen, damit die Steaks zusammenhalten. Brechen die Scheiben beim Schneiden auseinander, können sie natürlich trotzdem verwendet werden.
Die Scheiben auf das Blech legen, mit Öl bestreichen und mit Salz und Pfeffer würzen.
Mit Backpapier abdecken und im vorgeheizten Ofen (Mitte) 20 Minuten backen. Semmelbrösel, Käse, abgeriebene Zitronenschale und Chiliflocken in einer Schüssel vermischen. Die Backofentemperatur auf 220 °C erhöhen. Blumenkohl aus dem Ofen nehmen, das Backpapier entfernen und die Steaks mit der Semmelbrösel-Käse-Mischung bestreuen. Den Blumenkohl in weiteren 10–15 Minuten goldbraun backen.

Für die Béchamelsauce die Butter bei mittlerer Hitze in einem Topf erhitzen. Mehl darüberstäuben und bei schwacher Hitze 2–3 Minuten unter ständigem Rühren (mit einem Schneebesen) anschwitzen, aber nicht bräunen. Die Milch nach und nach dazugießen, dabei kräftig weiterrühren, damit sich keine Klümpchen bilden. Einmal aufkochen lassen, dann bei schwacher Hitze rund 10 Minuten weiterköcheln lassen. Immer wieder umrühren. Mit Salz, Pfeffer und 1 Prise Muskat abschmecken.

Für die Karamellkartoffeln die Kartoffeln pellen. Öl in einer beschichteten Pfanne erhitzen und die Kartoffeln darin von allen Seiten goldbraun anbraten. Mit Zucker bestreuen und karamellisieren. Butter dazugeben, die Kartoffeln darin schwenken. Mit etwas Salz würzen. Grünkohl, Karamellkartoffeln und Blumenkohl-Steaks auf Tellern anrichten. Mit Béchamelsauce, gehackten Haselnüssen und Petersilie bestreut servieren.

Abbildung s. S. 89

Hoorische mit Spinat-Sauerrahm-Sauce und Röstzwiebeln

Für 4 Personen
Zubereitungszeit: 50 Minuten

Für die Röstzwiebeln
4 Schalotten
Öl zum Frittieren
2–3 EL Mehl
Salz

Für die Klöße
400 g mehligkochende Kartoffeln, gegart (am besten vom Vortag)
400 g mehligkochende Kartoffeln
2 Eier (Größe M)
ca. 50 g Dinkelmehl (Type 630)
Salz
frisch geriebene Muskatnuss

Für die Sauce
400 g Blattspinat
1 Knoblauchzehe
1 Schalotte
1 EL Rapsöl
200 g saure Sahne
Salz
Pfeffer

Für die Röstzwiebeln die Schalotten schälen und in feine Ringe schneiden. Einen kleinen Topf oder eine Pfanne 2–3 cm hoch mit Öl füllen. Das Öl auf 170 °C erhitzen. Um zu testen, ob es heiß genug ist, einen Holzspieß hineinhalten. Sobald sich am Stiel Bläschen bilden, ist das Öl heiß genug zum Frittieren. Die Schalotten in Mehl wenden und portionsweise frittieren, bis sie goldbraun sind. Mit einer Schaumkelle herausnehmen und auf Küchenpapier abtropfen lassen. Mit etwas Salz würzen. Beiseitestellen.

Für die Klöße die gekochten Kartoffeln pellen und durch die Kartoffelpresse drücken. Die rohen Kartoffeln schälen und fein reiben, auf ein sauberes Küchentuch geben und kräftig ausdrücken. Beide Kartoffelmassen rasch mit Eiern, Mehl, Salz und 1 Prise Muskat vermischen. Den Kartoffelteig halbieren und auf einer gut bemehlten Fläche zu je einer Rolle mit einem Durchmesser von etwa 3 cm formen. Etwa 2 cm breite Stücke abschneiden und diese zu länglichen Klößen formen. Auf einer reichlich bemehlten Fläche ablegen. In einem weiten Topf reichlich Salzwasser bis zum Siedepunkt erhitzen. Die Klöße im siedenden Salzwasser in etwa 10 Minuten gar ziehen lassen, bis sie an der Wasseroberfläche schwimmen.

Für die Sauce den Spinat waschen, verlesen, die groben Stiele entfernen und den Spinat in Stücke schneiden. Knoblauch und Schalotte schälen und fein hacken. Das Öl in einer Pfanne erhitzen und Zwiebel und Knoblauch darin glasig anbraten. Spinat dazugeben und mitbraten, bis er zusammengefallen ist. 200 ml Kloßkochwasser dazugeben und kurz aufkochen lassen. Die Pfanne vom Herd nehmen und die saure Sahne einrühren. Mit Salz und Pfeffer abschmecken.

Klöße abschöpfen, gut abtropfen lassen und auf Tellern verteilen. Mit der Sauce und den Röstzwiebeln servieren.

Unter Hoorischen versteht man im Saarland und in der Pfalz rund oder länglich geformte Klöße, die zur Hälfte aus rohen und zur anderen Hälfte aus gekochten Kartoffeln zubereitet werden. Der roh verarbeiteten Knolle verdanken die Klöße auch ihren Namen: »Hoorische« bedeutet wörtlich »Haarige« und spielt auf die raue Oberfläche an, die beim Kochen entsteht.

Eine der bekanntesten Legenden besagt, dass Maultaschen im Dreißigjährigen Krieg im schwäbischen Maulbronn erfunden wurden. Dort sollen Mönche ein Stück Fleisch ergattert, faschiert und in Teig gehüllt haben, damit es Gott und die gierigen Nachbarn nicht sehen konnten. Heute gibt es Maultaschen in unzähligen Varianten. Bei uns werden sie am liebsten vegetarisch mit Spinat und Ziegenkäse gefüllt.

Maultaschen mit Spinat-Ziegenkäse-Füllung

Für 6 Personen
Zubereitungszeit:
1 Stunde 20 Minuten

Für den Nudelteig
200 g Mehl
200 g Hartweizengrieß
4 Eier (Größe M)

Für die Füllung
750 g Blattspinat
2 Brötchen vom Vortag
ca. 150 ml Milch
1 große Gemüsezwiebel
1 EL Butter
1 Bund Petersilie
1 Bund Schnittlauch
1 Bund Bärlauch (oder 2 Knoblauchzehen)
200 g Ziegenfrischkäse
3 Eier (Größe M)
Salz
Pfeffer
1 Eiweiß

Für die Schmelzzwiebeln
4 mittelgroße Zwiebeln
2 EL Öl
Zucker
Salz
2 EL Butter

Für den Nudelteig aus Mehl, Grieß, Eiern und etwa 4 EL Wasser (je nach Größe der Eier) einen elastischen Teig kneten. In Folie wickeln und etwa 30 Minuten bei Zimmertemperatur ruhen lassen.

In der Zwischenzeit für die Füllung den Spinat waschen, verlesen, grobe Stiele entfernen und den Spinat in einer Pfanne so lange anbraten, bis er zusammengefallen und die Flüssigkeit verdunstet ist. Lauwarm abkühlen lassen, gut ausdrücken und fein hacken.

Brötchen grob würfeln, in Milch einweichen und anschließend gut ausdrücken. Zwiebel schälen, fein würfeln und in der Butter etwa 10 Minuten bei mittlerer Hitze anbraten. Ausgedrückte Brötchen dazugeben und mit anbraten.

Die Kräuter waschen, trocken schütteln, fein hacken und ebenfalls kurz mitdünsten. Alles mit dem Spinat vermischen. Den Ziegenkäse grob zerbröseln und unter die Spinatfüllung mischen. Zum Schluss die Eier dazugeben und untermengen. Die Masse kräftig mit Salz und Pfeffer würzen.

Teig vierteln und auf bemehlter Arbeitsfläche mit einem Rollholz oder besser mit einer Nudelmaschine zu vier etwa 2 mm dicken und etwa 16 cm breiten Bahnen ausrollen. Eiweiß mit 1 EL Wasser verquirlen und mit einem Pinsel längs auf die Kanten streichen. Je etwa 1 EL Füllung länglich und im gut fingerbreiten Abstand mittig auf die Teigbahnen setzen. Zwischenräume wieder mit Eiweiß bestreichen. Die Teigränder über die Füllung klappen und den Teig um die Füllung herum gut andrücken. Jede Maultasche mit einem Messer oder besser Teigrad abschneiden.

Bis zum Kochen nebeneinander auf ein Küchentuch legen. Salzwasser in einem großen, weiten Topf zum Kochen bringen. Hitze reduzieren und die Maultaschen darin in etwa 10 Minuten gar ziehen (nicht kochen!) lassen. Mit einer Schaumkelle herausheben und in einem Sieb abtropfen lassen.

Für die Schmelzzwiebeln die Zwiebeln schälen, nach Belieben halbieren und in feine Ringe schneiden. Öl in einer Pfanne erhitzen und die Zwiebeln darin andünsten. 1 Prise Zucker dazugeben und die Zwiebeln bei sanfter Hitze in etwa 15 Minuten goldbraun garen. Anschließend salzen, die Butter hinzufügen und die Maultaschen in der Zwiebel-Butter-Mischung warm schwenken, nicht braten.

Dazu passt: Süddeutscher Kartoffelsalat (s. S. 40) oder Kopfsalat (s. S. 33).

Kraut-Schupfnudeln

Für 4 Personen
Zubereitungszeit:
1 Stunde

Für die Schupfnudeln
600 g mehligkochende Kartoffeln
ca. 100 g Weizenmehl (Type 405 oder 550)
1 Ei (Größe M)
Salz
1 EL Speisestärke
2 EL Butter

Für das Sauerkraut
1 Zwiebel
1 EL Öl
500 g Sauerkraut
50 ml Apfelsaft
200 ml Gemüsebrühe
ca. 1 TL Zucker
2 Wacholderbeeren
1 Lorbeerblatt
1 Gewürznelke
Salz
Pfeffer
Petersilie, fein gehackt, zum Bestreuen

Kartoffeln waschen und mit Schale in kochendem Wasser garen, bis sie weich sind. Abgießen, gut ausdampfen lassen, schälen und durch eine Kartoffelpresse in eine Schüssel drücken. Vollständig auskühlen lassen.

Für das Sauerkraut die Zwiebel schälen, halbieren und in feine Würfel schneiden. Das Öl in einem Topf erhitzen und die Zwiebel darin bei mittlerer Hitze glasig anbraten. Das Sauerkraut in den Topf geben, kurz mitbraten und mit Apfelsaft und Brühe ablöschen. Zucker, Wacholderbeeren, Lorbeerblatt und Nelke dazugeben. Bei schwacher Hitze rund 45 Minuten schmoren, anschließend mit Salz, Pfeffer und Zucker abschmecken.

100 g Mehl, Ei, etwas Salz und Stärke zur Kartoffelmasse geben. Mit einer Gabel zuerst grob vermischen, dann mit den Händen rasch zu einem glatten Teig verkneten. Ist die Masse noch zu klebrig, mehr Mehl dazugeben. Den Teig auf einer bemehlten Arbeitsfläche portionsweise zu 2–2,5 cm dicken Rollen formen. Jeweils 1–1,5 cm breite Stücke abschneiden und einzeln mit der Handfläche über die Arbeitsfläche rollen, sodass beide Enden spitz werden. Auf einem gut bemehlten Brett oder der Arbeitsfläche ablegen, bis alle Schupfnudeln geformt sind.

Die Schupfnudeln in siedendem Salzwasser 2–3 Minuten garen, bis sie an der Oberfläche schwimmen. Mit einer Schaumkelle herausnehmen und auf einem geölten Backblech etwas ausdampfen lassen. Butter in einer Pfanne erhitzen und die Schupfnudeln darin rundherum goldbraun braten. Mit dem Sauerkraut vermischen und weitere 2 Minuten braten. Mit Petersilie bestreut servieren.

Ihren Namen hat die in Süddeutschland beheimatete Schupfnudel der typischen Handbewegung zu verdanken, die bei der Herstellung angewandt wird: »Schupfen« bedeutet so viel wie »wegstoßen« oder mit der gewölbten Hand »wegrollen«. Durch das Schupfen entsteht die typische Form der Kartoffelnudeln, die in der kalten Jahreszeit gerne mit Sauerkraut zubereitet werden.

Für die Torfstecher und Bauern der Moorregionen im Emsland im Norden Deutschlands war Buchweizen eine wichtige Nutzpflanze: Sie konnte auf den kargen und feuchten Böden problemlos angebaut werden. Kein Wunder also, dass Buchweizenpfannkuchen – auf Platt: Bookweiten-Janhinnerk – für die Menschen dort ihr täglich Brot waren. Traditionell werden die Pfannkuchen mit gebratenem Speck serviert. In unserer vegetarischen Variante ergeben Pfannkuchen, Spinatsalat und Erbsencreme ein nahrhaftes und leckeres Hauptgericht.

Bookweiten-Janhinnerk mit Spinatsalat und Erbsencreme

Für 4 Personen
Ergibt etwa 30 Stück
Zubereitungszeit: 45 Minuten

Für die Pfannkuchen
2 Schalotten
3–4 EL Öl
350 g Buchweizenmehl
1 TL Salz
1 TL Backpulver
ca. 500 ml Milch
2 Eier (Größe M)

Für die Erbsencreme
1 Knoblauchzehe
1 EL Rapsöl
200 g Erbsen (TK)
50 ml Gemüsebrühe
Salz
Pfeffer
Zitronensaft

Für den Spinatsalat
150 g Baby-Spinat
30 g Walnusshälften
3 EL Rapsöl
1–2 EL Weißweinessig
1 TL Honig
Salz
Pfeffer
eingelegte Rote Bete
(nach Belieben; s. S. 172)

Außerdem
100 g saure Sahne
Salz
Pfeffer

Für die Pfannkuchen die Schalotten schälen und fein würfeln. 1 EL Öl in einer Pfanne erhitzen und die Schalotten darin goldbraun anbraten. Etwas abkühlen lassen.

Buchweizenmehl, Salz und Backpulver mischen. Milch und Eier verquirlen, Mehlmischung und gebratene Schalotten dazugeben und mit einem Schneebesen zu einem glatten und dickflüssigen Teig verrühren. Rund 15 Minuten quellen lassen. Bei Bedarf noch etwas Milch dazugeben.

Für die Erbsencreme den Knoblauch schälen und grob hacken. Öl in einem kleinen Topf erhitzen und den Knoblauch bei mittlerer Hitze andünsten. Die noch gefrorenen Erbsen dazugeben, Gemüsebrühe angießen und alles rund 5 Minuten köcheln lassen. Die Erbsen fein pürieren. Mit Salz, Pfeffer und Zitronensaft abschmecken. Beiseitestellen.

Für den Spinatsalat den Spinat waschen, verlesen und gut abtropfen lassen. Walnüsse grob hacken und mit dem Spinat in eine Schüssel geben. Öl, Essig und Honig zu einem Dressing verrühren, mit Salz und Pfeffer abschmecken. Nach Belieben eingelegte Rote Bete in Würfel schneiden und mit in den Salat geben. Backofen auf 80 °C vorheizen.

Für die Pfannkuchen etwas Öl in einer großen Pfanne erhitzen. Je 1–2 EL Teig in die Pfanne geben und die Pfannkuchen von jeder Seite 2–3 Minuten braten. Fertige Pfannkuchen im Backofen warm halten.

Saure Sahne mit Salz und Pfeffer würzen. Spinatsalat mit dem Dressing anmachen. Die Buchweizenpfannkuchen mit Erbsencreme, Spinatsalat und saurer Sahne servieren.

Tipp: Je nach Region werden die Buchweizenpfannkuchen statt mit Milch mit kaltem Milchkaffee oder Schwarztee zubereitet. Für eine süß-salzige Variante die Puffer mit Zuckerrübensirup und/oder Apfelmus servieren.

Kässpatzen gelten als das Nationalgericht der Allgäuer. Die Zutaten waren auch für die armen Allgäuer erschwinglich, und das Gericht ist gehaltvoll und sättigend. Rezepte für das Traditionsgericht gibt es dementsprechend viele. So schwört man in der Region Oberallgäu beispielsweise auf die Zugabe des regionaltypischen und sehr kräftig schmeckenden Weißlackers.

Allgäuer Kässpatzen mit Schmelzzwiebeln

Für 4 Personen
Zubereitungszeit: 50 Minuten

Für die Spätzle
500 g Spätzlemehl (oder 400 g Weizenmehl Type 405 und 100 g Hartweizengrieß)
Salz
5 Eier (Größe M)
125–200 ml Mineralwasser

Zum Anrichten
150–200 g alter Bergkäse (würzig)
100 g junger Bergkäse (mild)
50 g Weißlacker (oder Romadur)
3–4 mittelgroße Zwiebeln
80–100 g Butter
Salz
Pfeffer
2–3 EL Schnittlauchröllchen

Für die Spatzen Mehl, Salz und Eier in eine Schüssel geben. Mineralwasser nach und nach dazugeben und den Teig mit einem Holzlöffel so lange aufschlagen, bis er Blasen wirft. Je nach Mehlsorte, Größe der Eier und gewünschter Konsistenz des Teigs braucht man unterschiedlich viel Wasser. Der Teig sollte geschmeidig sein und zäh vom Löffel fließen, ohne dabei zu reißen. Bei Bedarf mehr Wasser oder Mehl dazugeben. Etwa 20 Minuten ruhen lassen.

In der Zwischenzeit den Backofen auf 160 °C vorheizen. Eine Auflaufform in den Ofen stellen und miterhitzen. Beide Bergkäse reiben, den Weißlacker in kleine Stücke schneiden und alles vermischen. Die Zwiebeln schälen und in feine Ringe schneiden.

Für die Schmelzzwiebeln die Butter in einer Pfanne erhitzen und die Zwiebeln darin bei mittlerer Hitze in etwa 15 Minuten goldbraun braten. Mit Salz und Pfeffer würzen.

Salzwasser in einem Topf zum Kochen bringen. Die Hitze reduzieren, sodass das Wasser nur noch siedet. Den Teig portionsweise in einen Spätzlehobel füllen und in das siedende Wasser hobeln. Sobald die Spätzle an der Oberfläche schwimmen, sind sie fertig. Fertige Spatzen abschöpfen und direkt in die heiße Auflaufform geben. Eine Schicht Käse darauf verteilen und die Form zurück in den Ofen stellen. Abwechselnd Käse und Spatzen in die Form schichten, bis alle Zutaten aufgebraucht sind.

Die fertigen Kässpatzen mit Schmelzzwiebeln und Schnittlauch bestreut servieren.

Tipp: Damit die Spatzen besonders cremig werden, etwas Spätzlewasser mit in die Form geben.

Linsen und Spätzle

Für 4 Personen
Zubereitungszeit: 1 Stunde

Für die Linsen
1 Zwiebel
1 Karotte
½ Lauchstange
1 kleines Bund Petersilie
70 g Butter
400 g Tellerlinsen (am besten Alblinsen)
3 Lorbeerblätter
60 g Mehl
1 EL Tomatenmark
Salz
Pfeffer
1 TL getrockneter Majoran
2–3 EL Apfelessig

Für die Spätzle
500 g Spätzlemehl (oder 400 g Weizenmehl Type 405 und 100 g Hartweizengrieß)
ca. 1 TL Salz
5 Eier
150–200 ml Mineralwasser

Für die Linsen Zwiebel und Karotte schälen und klein würfeln. Lauch waschen, putzen und in feine Ringe schneiden. Petersilie waschen, trocken schütteln und grob hacken.

20 g Butter in einem Topf erhitzen. Zwiebel darin glasig andünsten. Karotten und Lauch dazugeben und ebenfalls andünsten. Linsen und Lorbeer dazugeben und mit etwa 1,5 l Wasser übergießen. Etwa 25 Minuten köcheln lassen, bis die Linsen gar sind, aber noch Biss haben.

Währenddessen die Spätzle zubereiten. Mehl, Salz und Eier in eine Schüssel geben. Mineralwasser nach und nach dazugeben und den Teig mit einem Holzlöffel so lange aufschlagen, bis er Blasen wirft. Je nach Mehlsorte, Größe der Eier und gewünschter Konsistenz des Teigs braucht man unterschiedlich viel Wasser. Der Teig sollte geschmeidig sein und zäh vom Löffel fließen, ohne dabei zu reißen. Bei Bedarf mehr Wasser oder Mehl dazugeben. Etwa 20 Minuten ruhen lassen.

Die gegarten Linsen und das Gemüse durch ein Sieb abgießen, das Kochwasser auffangen. Lorbeerblätter entfernen. Übrige Butter (50 g) in einem großen Topf erhitzen, Mehl dazugeben und darin bei starker Hitze unter Rühren anbräunen (nicht verbrennen!), Tomatenmark unterrühren und kurz mitbraten. Mit Linsenkochwasser ablöschen und mit einem Schneebesen kräftig verrühren. Dabei nur so viel Kochwasser dazugeben, bis eine sämige Sauce entsteht. Linsengemüse untermischen und mit Salz, Pfeffer, Majoran und Essig abschmecken. Sollten die Linsen zu kompakt sein, noch etwas Kochwasser dazugießen.

Salzwasser in einem großen Topf zum Kochen bringen. Hitze reduzieren, sodass das Wasser nur noch siedet. Den Teig portionsweise in eine Spätzlepresse oder einen Spätzlehobel füllen und in das siedende Wasser drücken. Sobald die Spätzle an der Oberfläche schwimmen, sind sie fertig. Fertige Spätzle abschöpfen und in einem Sieb abtropfen lassen. Die Spätzle mit den Linsen auf den Teller geben und mit Petersilie bestreut servieren.

Mit seinem würzigen und leicht rauchigen Geschmack schmeckt Grünkern nicht nur als Suppeneinlage oder als Klößchen toll – aus dem unreif geernteten, gerösteten und getrockneten Dinkel lassen sich lecker schmeckende Küchle formen. Als Beilage zu den vor allem im badischen Raum beliebten Küchle gibt es Schmorgurken, die als typisch für die Berliner Küche gelten.

Grünkernküchle mit Schmorgurken

Für 4 Personen
Zubereitungszeit:
1 Stunde 20 Minuten

Für die Grünkernküchle
250 g Grünkernschrot
500 ml Gemüsebrühe
50 g Staudensellerie
100 g Karotte
1 mittelgroße Zwiebel
1 Knoblauchzehe
50 g milder Bergkäse
Öl zum Anbraten
2 Eier
2–3 EL Semmelbrösel
2 EL gehackte Petersilie
Salz
Pfeffer

Für die Schmorgurken
1 kg Schmorgurken
1 Zwiebel
1 EL Öl zum Anbraten
2 TL Mehl
200 ml Gemüsebrühe
150 g Schlagsahne
1 EL Weißweinessig
2 TL mittelscharfer Senf
½ TL Zucker
Salz
Pfeffer
½ Bund Dill

Für die Grünkernküchle den Grünkernschrot zusammen mit der Gemüsebrühe in einem Topf aufkochen, etwa 5 Minuten bei kleiner Hitze ziehen lassen, vom Herd nehmen und 30-40 Minuten quellen lassen.Gelegentlich den Schrot mit einer Gabel durchrühren und auflockern. Etwas abkühlen lassen. Sellerie putzen, Karotten schälen. Beides fein hacken oder raspeln. Zwiebel schälen, halbieren und in feine Würfel schneiden. Knoblauch schälen und durchpressen. Käse grob reiben. Öl erhitzen und die Zwiebelwürfel darin glasig andünsten. Geriebene Karotte, Sellerie und Knoblauch dazugeben und 1 Minute mit andünsten. Zusammen mit den Eiern, den Semmelbröseln, dem Käse und der Petersilie zum Grünkern geben und mit den Händen gut vermischen. Mit Salz und Pfeffer abschmecken, und 10–15 Minuten ziehen lassen und erneut abschmecken.

Für die Schmorgurken die Gurken schälen, vierteln und die Kerne mit einem Löffel herauskratzen. Das Fruchtfleisch in etwa 1 cm dicke Scheiben schneiden. Zwiebel schälen und fein würfeln. Öl in einem Topf erhitzen, Zwiebel darin glasig andünsten. Gurkenscheiben dazugeben und etwa 5 Minuten bei mittlerer Hitze braten. Mehl über die Gurken stäuben, unterrühren und kurz mitbraten.. Anschließend Gemüsebrühe und Schlagsahne dazugießen. Unter Rühren kurz aufkochen und bei schwacher Hitze 10 Minuten offen schmoren, bis die Gurken weich sind.

Inzwischen den Backofen auf 80 °C vorheizen. Für die Grünkernküchle Öl in einer großen beschichteten Pfanne erhitzen. Die Grünkernmasse mit feuchten Händen zu Bratlingen formen. Im heißen Öl von beiden Seiten bei mittlerer Hitze in 4–5 Minuten goldbraun braten. Fertige Küchle im Backofen warm halten.

Schmorgurken mit Essig, Senf, Zucker, Salz und Pfeffer abschmecken. Dill waschen, trocken schütteln, fein hacken und unterrühren. Schmorgurken und Grünkernküchle zusammen servieren. Nach Belieben mit frischem Dill bestreuen. Dazu passt eingelegte Rote Bete (s. S. 172).

Krautwickel mit Hirsefüllung und Steckrüben-Kartoffel-Stampf

Für 4 Personen
Zubereitungszeit: 1 Stunde

Für die Krautwickel:
1 Kopf Weißkohl
Salz
150 g Hirse
600 ml Gemüsebrühe
2 Karotten
1 kleine Zucchini
100 g milder Bergkäse
1 Knoblauchzehe
200 g saure Sahne
Salz
Pfeffer
2 EL Öl
¼ Bund Kerbel oder Petersilie

Für den Kartoffel-Steckrüben-Stampf
400 g mehligkochende Kartoffeln
400 g Steckrüben
¼ Bund Schnittlauch
¼ Bund Petersilie
20 g Butter
Salz
Pfeffer

Den Kohl putzen, die äußeren Blätter entfernen. Den Strunk keilförmig herausschneiden. Den Kohlkopf in einen großen Topf mit kochendem Salzwasser geben und 1–2 Minuten blanchieren. Herausheben, die ersten Blätter ablösen und sofort in eiskaltes Wasser legen. Den Kohlkopf erneut ins kochende Wasser tauchen, bis sich erneut Blätter lösen. Den Vorgang so lange wiederholen, bis acht große Kohlblätter vorhanden sind. Die Kohlblätter erneut 1–2 Minuten blanchieren, herausheben, abschrecken und auf einem Geschirrtuch abtropfen lassen. Die dicke Mittelrippe der Blätter mit einem scharfen Messer flach schneiden.

Hirse in einem Sieb heiß abspülen, abtropfen lassen. 200 ml Gemüsebrühe zum Kochen bringen, Hirse dazugeben und zugedeckt bei schwacher Hitze 15 Minuten quellen lassen.

Für den Stampf Kartoffeln und Steckrüben schälen und in etwa 2 cm große Würfel schneiden. In einen Topf geben, mit Wasser bedecken und zugedeckt in 20 Minuten bei mittlerer Hitze weich kochen. Schnittlauch und Petersilie waschen, trocken schütteln und fein hacken. Beiseitestellen.

Für die Füllung Karotten schälen, Zucchini waschen und beides grob raspeln. Käse reiben, Knoblauch schälen und pressen und zusammen mit Karotten, Zucchini und 2 EL saurer Sahne zur Hirse geben. Mit Salz und Pfeffer abschmecken. Je etwa 2 EL Füllung in ein Kohlblatt geben. Seitenränder umschlagen und einrollen. Mit Holzstäbchen oder Garn fixieren. Öl in einem Topf erhitzen und die Krautwickel von allen Seiten anbraten, die übrige Brühe (400 ml) dazugeben und alles ca. 20 Minuten garen. Die Wickel herausnehmen, die übrige saure Sahne in die Sauce geben und mit Salz und Pfeffer abschmecken. Kerbel oder Petersilie waschen, trocken schütteln, grob hacken und zum Servieren aufstreuen.

Für den Stampf das Wasser abschütten, Butter dazugeben und alles mit einem Kartoffelstampfer stampfen. Mit Schnittlauch, Petersilie, Salz und Pfeffer abschmecken.

Rahmschwammerl sind genau wie Serviettenknödel nicht aus der bayerischen Küche wegzudenken. In Bayern wird das Wort »Schwammerl« übrigens als Sammelbegriff für alle Großpilze, wie zum Beispiel Champignons, Steinpilze oder Pfifferlinge, verwendet.

Rahmschwammerl mit Serviettenknödeln

Für 4 Personen
Zubereitungszeit: 1 Stunde

Für die Serviettenknödel
250 g Brötchen vom Vortag (etwa 4 Stück)
250 ml Milch
1 mittelgroße Zwiebel
½ Bund Petersilie
4 EL Butter
3 Eier (Größe M)
Salz

Für die Rahmschwammerl
600 g gemischte Pilze (z. B. Steinpilze, Pfifferlinge, Champignons, Kräuterseitlinge)
½ Bund Petersilie
2 Schalotten
2 EL Rapsöl zum Anbraten
2 TL Mehl
50 ml trockener Weißwein
300 ml Gemüsebrühe
250 g Schlagsahne
Salz
Pfeffer

Für die Serviettenknödel die Brötchen zuerst in dünne Scheiben, dann in feine Würfel schneiden. In einer Schüssel mit der Milch übergießen und ziehen lassen. Die Zwiebel schälen und fein würfeln. Petersilie waschen, trocken schütteln und fein hacken. Butter in einer Pfanne erhitzen und die Zwiebelwürfel darin bei mittlerer Hitze glasig braten. Petersilie dazugeben, kurz mitbraten, vom Herd nehmen und etwas abkühlen lassen. Mit den Eiern zu den Brötchen geben, den Teig mit Salz würzen und mit den Händen gut durchkneten. Etwa 20 Minuten ziehen lassen.

Knödelteig auf zwei gut angefeuchtete Stoffservietten oder Küchentücher geben und mit den Händen zu je 20–25 cm langen Rollen formen, dabei jeweils an den Tuchenden 10 cm Rand frei lassen. Anschließend die Masse locker ins Tuch einwickeln und die Tuchenden mit Küchengarn fest zusammenbinden. In einem großen breiten Topf reichlich Salzwasser aufkochen. Knödel einlegen und 30 Minuten im siedenden Wasser ziehen lassen.

Die Pilze gründlich abbürsten oder mit Küchenpapier abreiben. Je nach Größe etwas kleiner schneiden. Petersilie waschen, trocken schütteln und fein hacken. Schalotten schälen und fein würfeln. Das Öl in einer weiten Pfanne erhitzen, die Pilze darin 5 Minuten kräftig anbraten. Zwiebeln dazugeben und kurz mit andünsten. Mit Mehl bestäuben und mit Weißwein ablöschen. Gemüsebrühe und Sahne dazugießen, aufkochen lassen und etwa 5 Minuten weiterköcheln lassen. Mit Salz und Pfeffer würzen. Kurz vor dem Servieren Petersilie unterrühren.

Die Serviettenknödel vorsichtig aus dem Wasser heben, auswickeln und in Scheiben schneiden. Zusammen mit den Rahmschwammerln servieren.

Eine Leipziger Legende besagt, dass reiche Bürger das Leipziger Allerlei erfanden, damit sie weniger Steuern zahlen mussten. Denn: Indem sie das einfache Gemüsegericht Steuereintreibern servierten, wollten sie ihnen weismachen, dass in diesem Haushalt kein Geld zu holen sei.

Leipziger Allerlei mit Linsenbällchen

Für 4 Personen
Zubereitungszeit:
1 Stunde 20 Minuten

Für die Linsenbällchen
200 g grüne Linsen
1 mittelgroße rote Zwiebel
1 Knoblauchzehe
½ Bund Petersilie
100 g Semmelbrösel
1 Ei (Größe M)
1 TL mittelscharfer Senf
Salz
Pfeffer
2–3 EL Rapsöl

Für das Gemüse
15 g getrocknete Spitzmorcheln
550 g Erbsenschoten (ergibt ca. 150 g gepalt; ersatzweise TK-Erbsen)
300 g Blumenkohl
12 dünne Bundkarotten
1 kleiner Kohlrabi
Saft von 1 Zitrone
400 g Schwarzwurzeln
Salz
60 g weiche Butter
30 g Mehl
150 g Schlagsahne
Pfeffer
½ TL Paprikapulver
2 EL gehackter Kerbel

Für die Linsenbällchen die Linsen mit der doppelten Menge Wasser aufkochen und in etwa 20 Minuten gar köcheln. Durch ein Sieb abgießen, abtropfen lassen, in eine Schüssel geben und etwas abkühlen lassen.

Zwiebel und Knoblauch schälen und fein würfeln. Petersilie waschen, trocken schütteln und grob hacken. Zusammen mit den Semmelbröseln, dem Ei, dem Senf und 45 ml Wasser zu den Linsen geben. Gut vermischen, mit Salz und Pfeffer kräftig abschmecken und abgedeckt quellen lassen.

Für das Gemüse die Morcheln mit 150 ml kochendem Wasser übergießen und 15–20 Minuten einweichen lassen. Die Erbsen aus den Schoten palen, Blumenkohl waschen, putzen und in Röschen teilen, Karotten und Kohlrabi schälen und den Kohlrabi in Stifte schneiden. Eine Schüssel mit etwa 500 ml Wasser und Zitronensaft füllen. Die Schwarzwurzeln unter fließendem Wasser putzen und anschließend schälen (am besten mit Handschuhen). Die geschälten Wurzeln sofort in das Zitronenwasser geben, damit sie nicht braun werden. Anschließend in 3–4 cm lange Stücke schneiden. In einem Topf 500 ml Salzwasser aufkochen, die Schwarzwurzeln darin zugedeckt in etwa 20 Minuten bissfest garen.

Nach 10 Minuten Blumenkohl, Kohlrabi und Karotten dazugeben, nach 17 Minuten die Erbsen. Das gegarte Gemüse abgießen, die Brühe auffangen.

Die Morcheln gut ausdrücken. Unter fließendem kaltem Wasser waschen, erneut gut ausdrücken. Morchelwasser durch ein sehr feines Sieb gießen und auffangen. Weiche Butter und Mehl vermischen. 200 ml Gemüsesud, Morchelwasser und Sahne aufkochen.

Butter-Mehl-Mischung mit einem Schneebesen unter Rühren darin auflösen, dann 2 Minuten kochen lassen. Ist die Sauce zu dick, noch etwas Gemüsesud unterrühren. Mit Salz, Pfeffer und Paprikapulver abschmecken. Das Gemüse mit den Morcheln in die Sauce geben und darin heiß werden lassen, aber nicht mehr kochen. Die Linsenmasse mit feuchten Händen zu Bällchen formen. Etwas Öl in einer Pfanne erhitzen und die Linsenbällchen darin rundherum knusprig anbraten. Leipziger Allerlei und Linsenbällchen auf Teller verteilen und mit Kerbel bestreut servieren.

Ob Dibbelabbes, Döppekooche, Dippekuchen, Dippedotz oder Potthucke – Kartoffelkuchen aus dem Topf ist in vielen Regionen Deutschlands unter vielen verschiedenen Namen bekannt. Traditionell wird der Topfkuchen mit Speck gegessen. Für eine leicht süßliche Note haben wir den Klassiker mit Süßkartoffeln verfeinert.

Döppekooche mit Süßkartoffeln und Apfelkompott

Für 4 Personen
Zubereitungszeit: 40 Minuten
Backzeit: 1 Stunde 30 Minuten

Für den Döppekooche
1 kg festkochende Kartoffeln
500 g Süßkartoffeln
1 Brötchen vom Vortag
50 ml Milch
5 Schalotten
1 Lauchstange
½ Bund Petersilie
2 Eier (Größe M)
1 TL getrocknetes Bohnenkraut
½ TL getrockneter Majoran
Salz
Pfeffer
50 ml Öl zum Anbraten

Für das Apfelkompott
4 süß-säuerliche Äpfel (z. B. Boskoop, Jonagold)
2 EL Zucker
1 EL Zitronensaft
1 Zimtstange

Den Backofen auf 180 °C vorheizen. Kartoffeln und Süßkartoffeln schälen und grob reiben. Auf ein sauberes Küchentuch geben, anschließend gründlich ausdrücken.

Brötchen würfeln und in der Milch einweichen. Schalotten schälen und fein würfeln. Den Lauch waschen, putzen und in schmale Ringe schneiden. Petersilie waschen, trocken schütteln und fein hacken. Brötchen ausdrücken und mit den Kartoffeln, den Zwiebeln, dem Lauch, den Eiern, den Kräutern, Salz und Pfeffer in einer Schüssel mischen.

Öl in einem Bräter erhitzen. Kartoffelmasse hineingeben, kurz darin anbraten. Deckel auflegen und den Kuchen im Ofen (Mitte) etwa 1 Stunde backen. Den Deckel abnehmen und alles weitere 30 Minuten backen.

Für das Apfelkompott die Äpfel schälen, entkernen und grob würfeln. Mit 50 ml Wasser, dem Zucker, dem Zitronensaft und der Zimtstange in einen Topf geben und kurz aufkochen. Bei mittlerer Hitze zugedeckt 15–20 Minuten köcheln lassen, bis die Apfelstücke zerfallen. Zimtstange entfernen, die Äpfel in eine Schüssel umfüllen und etwas abkühlen lassen. Zum Döppekooche servieren.

Kartoffel-Wirsing-Strudel

Ergibt 2 Strudel
Zubereitungszeit:
1 Stunde 20 Minuten
Backzeit: 45–50 Minuten

Für den Strudelteig
300 g Weizenmehl (Type 550), plus etwas mehr zum Arbeiten
½ TL Salz
½ EL Essig
2 EL Rapsöl, plus etwas mehr zum Einpinseln
1 Ei (Größe M)
100 g Butter, zerlassen

Für die Füllung
200 g rote Linsen
Salz
450 g Wirsing
1 rote Zwiebel
600 g festkochende Kartoffeln
200 g Schafskäse
2 EL Rapsöl zum Anbraten
100 ml Gemüsebrühe
200 g Crème fraîche
2 Eier (Größe M)
½ TL getrockneter Majoran oder 4 Stängel frischer Majoran
Pfeffer
frisch geriebene Muskatnuss

Für den Teig Mehl und Salz in einer Rührschüssel mischen. Essig, Öl, Ei und 120–140 ml Wasser dazugeben und mithilfe einer Küchenmaschine langsam kneten. Aus der Schüssel nehmen und auf einer leicht bemehlten Arbeitsfläche mit den Händen in mindestens 10 Minuten zu einem elastischen Teig kneten. Zu einer Kugel formen, mit Öl einpinseln und in Frischhaltefolie gewickelt oder unter einer mit heißem Wasser ausgespülten Schüssel 1 Stunde bei Zimmertemperatur ruhen lassen.

Für die Füllung die Linsen mit kaltem Wasser gut abspülen, in einen Topf mit 400 ml Wasser geben und zum Köcheln bringen. Sobald das Wasser kocht, die Temperatur reduzieren und die Linsen zugedeckt bei schwacher Hitze etwa 7 Minuten köcheln lassen. Die Linsen abgießen, zurück in den Topf schütten und salzen.

Den Wirsing putzen, vierteln, den Strunk entfernen und in etwa 1 cm breite Streifen schneiden. Zwiebel schälen und fein würfeln. Die Kartoffeln schälen und in kleine (nicht größer als 1 cm) Würfel schneiden. Feta in Stücke schneiden. Das Öl in einem großen beschichteten Topf erhitzen und die Kartoffelwürfel darin anbraten. Sobald sie etwas Farbe angenommen haben, Wirsing und Zwiebel dazugeben und mitbraten, bis der Wirsing zusammengefallen ist. Mit Brühe ablöschen und noch 2–3 Minuten dünsten. Vom Herd nehmen und abkühlen lassen.

Crème fraîche und Eier in einer Schüssel verquirlen. Mit der Wirsing-Kartoffel-Mischung und den Linsen mischen und kräftig mit Majoran, Salz, Pfeffer und 1 Prise Muskat würzen. Beiseitestellen.

Den Backofen auf 200 °C vorheizen. Den Strudelteig in zwei gleich große Teile teilen, so lässt er sich leichter verarbeiten. Jedes Teigstück auf einer leicht bemehlten Arbeitsfläche so dünn wie möglich ausrollen. Zwischendurch immer wieder wenden und bemehlen, damit er nicht kleben bleibt. Ein Strudel-, Geschirr- oder Tischtuch leicht bemehlen. Beide Hände mit dem Handrücken nach oben unter den

Teig schieben und den Teig von der Mitte nach außen Stück für Stück zu einem hauchdünnen, transparenten Rechteck ziehen und dehnen. Die kurze Seite des Teigs sollte dabei etwas länger als das Backblech sein, auf dem der Strudel gebacken wird. Zu dicke Ränder abschneiden.

Den ausgezogenen Strudelteig mit einem Teil der Butter bestreichen und zu zwei Dritteln zuerst mit Wirsing-Linsen-Füllung, dann mit Schafskäse belegen. An den langen Seiten einen 2–3 cm breiten Rand frei lassen. Die seitlichen Ränder jeweils über die Füllung klappen und die Strudel mithilfe des Tuchs aufrollen. Mit der Naht nach unten auf ein mit Backpapier belegtes Blech legen. Mit einem Teil der Butter bestreichen. Im vorgeheizten Ofen (Mitte) in 45–50 Minuten knusprig backen. Während des Backens immer wieder mit der übrigen Butter bestreichen.

Dazu passt: Joghurtdip und Feldsalat mit Honig-Senf-Dressing (s. S. 126).

Wer gerne Spargel isst, sollte das Gemüse unbedingt einmal mit der im Badischen beliebten »Kratzete« genießen. Ähnlich wie ein Schmarrn wird der dick gebackene und luftige Pfannkuchen noch in der Pfanne zerteilt – also zerkratzt, was dem Gericht seinen Namen gab. Als Alternative zur Hollandaise gibt es eine Sauce gribiche, die ihren Ursprung in der französischen Küche hat und vor allem im alemannischen Raum gegessen wird.

Spargel mit Kräuter-Kratzete und Sauce gribiche

Für 4 Personen
Zubereitungszeit: 1 Stunde

Für die Sauce gribiche
3 Eier (Größe M)
100 ml Sonnenblumenöl
2 TL mittelscharfer Senf
2–3 EL Weißweinessig
6 Cornichons
1 Handvoll Kräuter (z. B. Kerbel, Estragon, Schnittlauch)
Salz
Pfeffer
Zucker

Für die Kräuter-Kratzete
3 Eier (Größe M)
190 g Dinkelmehl (Type 630)
270 ml Milch
je ½ Bund Schnittlauch und Petersilie
Salz
Pfeffer
frisch geriebene Muskatnuss
4 EL Butter

Für den Spargel
ca. 2 kg Spargel
Salz

Für die Sauce gribiche die Eier in kochendem Wasser in etwa 8 Minuten hart kochen. Herausnehmen, sofort unter fließendem kaltem Wasser abschrecken und pellen. Die Eier halbieren. Das Eiweiß klein würfeln. Eigelb mit Öl, Senf und Essig mit dem Stabmixer cremig rühren. Cornichons klein hacken. Kräuter waschen, trocken schütteln und zusammen mit Gurken- und Eiweißwürfeln unter die Sauce rühren. Mit Salz, Pfeffer und etwas Zucker abschmecken. Kühl stellen.

Für die Kräuter-Kratzete die Eier trennen. Eigelbe mit Mehl und Milch zu einem glatten Teig verrühren und 10 Minuten ruhen lassen. Inzwischen die Kräuter waschen, trocken schütteln, fein hacken und in den Teig rühren. Die Eiweiße mit 1 Prise Salz mit dem Handrührgerät steif schlagen und unter den Teig heben. Mit Salz, Pfeffer und 1 Prise Muskat würzen.

In einer beschichteten Pfanne etwas Butter erhitzen. Die Hälfte des Teigs in die Pfanne geben und bei mittlerer Hitze etwa 5 Minuten stocken lassen. Wenden und nach 2–3 Minuten mit zwei Holzlöffeln in kleine Stücke zerreißen. 1 EL Butter dazugeben und die Kratzete rundum goldbraun braten, dabei mehrmals wenden. Im 80 °C heißen Backofen warm halten. Mit dem übrigen Teig ebenso verfahren.

Den Spargel waschen. Mit einem Sparschäler gründlich schälen und die Enden abschneiden. Reichlich Salzwasser aufkochen und den Spargel in leicht kochendem Wasser je nach Dicke in 8–15 Minuten bissfest garen. Wenn der Spargel gar ist (Druckprobe am hinteren Ende der Stangen) herausnehmen und zusammen mit der Kräuter-Kratzete und der Sauce gribiche servieren.

Greane Krapfa (Grüne Krapfen) sind ein altes schwäbisches Rezept und gelten als die Urform der Maultaschen. Traditionell werden die Teigtaschen mit »Schnattra« – Winterheckenzwiebeln – gefüllt. Die langen grünen Schlotten der Winterheckenzwiebel waren fester Bestandteil schwäbischer Bauerngärten. In anderen Regionen Deutschlands hat sich das Lauchgewächs dagegen weniger durchgesetzt.

Greane Krapfa mit Mangold

Ergibt etwa 40 Stück
Zubereitungszeit:
1 Stunde 10 Minuten

Für den Nudelteig
400 g Weizenmehl (Type 405)
4 Eier (Größe M)

Für die Füllung
500 g Mangold
Salz
2 Weizenbrötchen vom Vortag
2 EL Butter
1 Bund Frühlingszwiebeln oder Winterheckenzwiebeln, plus etwas mehr zum Bestreuen
3 Eier (Größe M)
Pfeffer

Außerdem
ca. 100 g Butter
Pfeffer
Bergkäse (nach Belieben)

Für den Nudelteig Mehl, Eier und 2–3 EL Wasser zu einem glatten, elastischen Teig verkneten. In Frischhaltefolie wickeln und bei Zimmertemperatur etwa 30 Minuten ruhen lassen.

Für die Füllung den Strunk des Mangolds abschneiden. Welke Blätter entfernen und einzelne dunkle Stellen an den Blättern herausschneiden. Waschen und abtropfen lassen. Die Blätter keilförmig von den Stielen schneiden und in Salzwasser blanchieren. Abschrecken, mit den Händen gut ausdrücken und fein hacken. Blattstiele beiseitelegen.

Die Brötchen in kleine Würfel schneiden. Butter in einer Pfanne erhitzen und die Brötchen darin bei mittlerer Hitze anbraten. Frühlingszwiebeln waschen, gründlich putzen und mit dem Grün in feine Ringe schneiden. Zu den Brötchen mit in die Pfanne geben und kurz mitbraten. Abkühlen lassen und mit den blanchierten Mangoldblättern und den Eiern vermischen. Kräftig mit Salz und Pfeffer würzen.

Den Nudelteig in vier Portionen teilen, nicht verwendeten Teig in Frischhaltefolie wickeln oder mit einem feuchten Tuch bedecken, damit er nicht austrocknet. Portionsweise mit einer Nudelmaschine oder mit dem Nudelholz zu 2 mm dünnen und 12–14 cm breiten Teigbahnen ausrollen. Sollte der Teig zu klebrig sein, zwischendurch immer wieder mit Mehl bestäuben.

Die Teigstreifen an den Rändern mit etwas Wasser anfeuchten und die Füllung in walnussgroßen Häufchen daraufgeben. Den Teig darüberklappen und mit einem Teigrädchen in einzelne Krapfen schneiden. Den Teig um die Füllung herum mit trockenen Fingern jeweils gut andrücken, dabei die Luft aus den Taschen drücken.

Fertige Teigtaschen auf ein mit etwas Mehl bestäubtes Geschirrtuch oder Holzbrett legen, damit sie nicht festkleben. Salzwasser in einem Topf zum Kochen bringen. Die Hitze reduzieren und die Teigtaschen etwa 10 Minuten in siedendem Wasser ziehen lassen.

Währenddessen für die Mangoldbutter die beiseitegelegten Stiele fein würfeln. Die Butter in einer Pfanne erhitzen, Mangold dazugeben und etwa 5 Minuten bei mittlerer Hitze dünsten. Die gegarten Nudeln mit einer Schaumkelle abschöpfen, in die Pfanne geben und gut durchschwenken. Auf Tellern anrichten, mit Butter und Mangold beträufeln und mit etwas Pfeffer, Frühlingszwiebelröllchen und nach Belieben geriebenem Käse bestreut servieren.

Der Klassiker aus Kindheitstagen mal anders: Statt Hackfleisch füllen wir unsere Tomaten mit einer Mischung aus Grünkern, Champignons und Käse. Grünkern ist nicht nur gut verträglich, sondern steckt auch voller wichtiger Vitamine und Nährstoffe, wie Kalium, Magnesium, Phosphor und Eisen.

Gefüllte Tomaten

Für 4 Personen
Zubereitungszeit: 50 Minuten
Backzeit: 20 Minuten

Für die Tomaten
125 g Grünkern
Salz
250 g Champignons
2 Frühlingszwiebeln
1 Knoblauchzehe
2 Zweige Thymian
½ Bund Petersilie
100 g mittelalter Gouda
8 große Tomaten
3 EL Tomatenmark
1 EL Zucker
Pfeffer
6 EL Öl
2 TL Dijon-Senf

Den Grünkern in der dreifachen Menge Wasser mit etwas Salz in einem Topf zum Kochen bringen. Bei schwacher Hitze zugedeckt nach Packungsangabe köcheln lassen. In ein Sieb abgießen und abtropfen lassen.

Inzwischen die Champignons gründlich putzen und würfeln. Frühlingszwiebeln waschen, putzen und in Ringe schneiden. Den Knoblauch schälen und fein würfeln. Thymian waschen und trocken schütteln. Petersilie waschen, trocken schütteln und hacken. Den Käse grob reiben.

Die Tomaten waschen, jeweils einen Deckel abschneiden und die Tomaten mit einem Löffel aushöhlen. Das Innere der Tomaten mit einem Stabmixer pürieren. 8 EL des Tomatenpürees abnehmen und beiseitestellen. Übriges Püree in einem Topf mit Tomatenmark und Zucker kurz aufkochen lassen und mit Salz und Pfeffer abschmecken.

1 EL Öl in einer Pfanne erhitzen. Die Pilze mit dem Knoblauch und dem Thymian einige Minuten darin anbraten. Übriges Öl (5 EL) mit Grünkern, Frühlingszwiebeln, Senf, Tomatenpüree und Petersilie mischen. Pilze dazugeben (Thymian herausfischen) und mit Salz und Pfeffer abschmecken.

Den Backofen auf 200 °C vorheizen. Die Tomaten innen mit Salz und Pfeffer würzen und in eine Auflaufform setzen. Jeweils zur Hälfte mit der Grünkernmischung füllen und mit etwa der Hälfte des Käses bestreuen. Übrige Füllung auf die Tomaten verteilen und mit dem übrigen Käse bestreuen. Deckel schräg aufsetzen. Beiseitegestellte Tomatensauce seitlich angießen und die Tomaten im Ofen (Mitte) 15–20 Minuten überbacken. Wer mag, kann in den letzten Minuten die Grillfunktion des Ofens zuschalten.

Ofenkartoffeln mit Dip und Zwiebeln

Für 4 Personen
Zubereitungszeit: 50 Minuten
Backzeit: 25–35 Minuten
Ruhezeit: 1–2 Stunden

Für die Kartoffelspalten
1 kg festkochende Kartoffeln
3–4 EL Öl
2–3 TL Paprikapulver edelsüß
ca. 1 TL Salz
2–3 EL gehackte Petersilie

Für die Grüne Soße
2 Eier (Größe M)
150 g Grüne-Soße-Kräuter (Schnittlauch, Kerbel, Petersilie, Kresse, Pimpinelle, Borretsch, Sauerampfer, Melisse)
100 g Schmand
100 g Crème fraîche
½ EL Apfelessig
1 TL Dijon-Senf
½ TL Honig
Salz, Pfeffer

Für die eingelegten roten Zwiebeln
1 rote Zwiebel
60 ml Apfelessig
1 TL Salz (4 g)
1 EL Zucker
½ TL Senfsamen

Für den Quark mit Leinöl
½ Bund Frühlingszwiebeln
500 g Magerquark
4–5 EL Mineralwasser
3–4 EL Leinöl
Salz, Pfeffer

Für die gebackene Kartoffelspalten den Backofen auf 200 °C (Umluft) vorheizen. Die Kartoffeln mit Schale gründlich waschen. Kartoffeln halbieren und in etwa gleich große Spalten schneiden. In eine Schüssel geben und mit Öl, Paprikapulver und Salz vermischen, bis sie gleichmäßig mariniert sind.

Ein Blech mit Backpapier auslegen. Die Kartoffelspalten darauf verteilen. Darauf achten, dass sie neben- und nicht übereinanderliegen. Im vorgeheizten Backofen (Mitte) je nach Größe in 25–35 Minuten goldbraun backen, dabei einmal wenden. Bei Bedarf etwas nachsalzen. Frisch aus dem Ofen mit Petersilie bestreuen und mit Leinölquark und/oder Grüner Soße und eingelegten Zwiebeln servieren.

Für die Grüne Soße die Eier in kochendem Wasser in 8 Minuten hart kochen. Herausnehmen, sofort unter fließendem kaltem Wasser abschrecken und pellen. Die Kräuter waschen, trocken schütteln, grob hacken und in einen Mixer geben. Mit Schmand und Crème fraîche cremig pürieren. Die Sauce mit Essig, Senf, Honig, Salz und Pfeffer abschmecken. Die hart gekochten Eier klein hacken und unter die Kräutersauce mischen. Abgedeckt im Kühlschrank 1–2 Stunden durchziehen lassen. Vor dem Servieren erneut abschmecken.

Für die eingelegten Zwiebeln die Zwiebel schälen und in sehr dünne Scheiben schneiden. In ein Glas mit Verschluss füllen. 100 ml Wasser in einem kleinen Topf zum Kochen bringen. Vom Herd nehmen, Essig, Salz, Zucker und Senfsamen dazugeben und so lange unterrühren, bis sich Salz und Zucker aufgelöst haben. Noch heiß über die Zwiebel gießen, sodass die Zwiebelringe gut bedeckt sind. Verschließen und etwa 1 Stunde ziehen lassen.

Für den Quark die Frühlingszwiebeln waschen, putzen und in feine Ringe schneiden. Den Quark mit Mineralwasser und Leinöl cremig rühren. Einen Großteil der Frühlingszwiebeln unterheben, den Quark mit Salz und Pfeffer abschmecken, zum Servieren restliche Frühlingszwiebeln über den Kartoffeln verteilen.

Auch wenn man Eier in Senfsauce oder auch verlorene Eier der ehemaligen DDR zuordnet, soll das Rezept in Norddeutschland seinen Ursprung haben. Bereits 1845 waren Eier in Senfsauce mit Kartoffeln Teil des Kochbuchs Praktisches Kochbuch *von Henriette Davidis.*

Eier in Senfsauce mit Bröseln und Petersilienkartoffeln

Für 4 Personen
Zubereitungszeit: 35 Minuten

Für die Kartoffeln
1 kg festkochende Kartoffeln
1 TL Salz
½ Bund Petersilie
1 EL Butter, in Flöckchen

Für die Eier
1 kleine Zwiebel
3 EL Butter
3 EL Mehl
500 ml Gemüsebrühe
200 g Schlagsahne
3 TL mittelscharfer oder scharfer Senf
Zucker
1 TL Weißweinessig
8 Eier

Für die Brösel
20 g Butter
40 g Semmelbrösel
Salz

Die Kartoffeln schälen und je nach Größe halbieren oder vierteln. In einen Topf geben, knapp mit Wasser bedecken, salzen. Zum Kochen bringen und zugedeckt je nach Größe etwa 20 Minuten garen. Abgießen, zurück auf den ausgeschalteten Herd stellen und ausdampfen lassen. Petersilie waschen, trocken schütteln und fein hacken. Mit der Butter auf den Kartoffeln verteilen. Zugedeckt warm halten.

Inzwischen für die Eier die Zwiebel fein hacken. Die Butter in einer Pfanne erhitzen und die Zwiebel darin glasig dünsten. Mit Mehl bestäuben und unterrühren. Gemüsebrühe und Sahne mit einem Schneebesen unterrühren. Unter ständigem Rühren aufkochen und andicken lassen. Mit Senf, Zucker und Essig abschmecken.

Eier etwa 6 Minuten Minuten wachsweich garen. Unter kaltem Wasser abschrecken und pellen. In der Senfsauce warm halten.

Für die Brösel die Butter in einer Pfanne erhitzen und die Semmelbrösel darin unter Rühren bei mittlerer Hitze goldbraun rösten. Mit Salz würzen. Zu Eiern und Kartoffeln servieren. Dazu passt eingelegte Rote Bete (s. S. 172).

Im Ruhrgebiet, wo das Gericht seinen Ursprung hat, taucht Stemmelkort in vielen alten Kochbüchern auf. Die leicht süßlich schmeckenden Bratlinge können sowohl süß – mit Birnen- (s. S. 154) oder Apfelkompott (s. S. 113) – als auch salzig gegessen werden.

Stemmelkort mit Feldsalat, Eiern und Joghurtdip

Für 4 Personen
Ergibt etwa 12 Stück
Zubereitungszeit: 50 Minuten

Für die Karottenpuffer
800 g Karotten
300 g mehligkochende Kartoffeln
700–800 ml Gemüsebrühe
1 große Zwiebel
2–3 EL Rapsöl
2 Eier (Größe M)
3 EL Mehl
3 EL Hartweizengrieß
½ Bund Petersilie, gehackt
frisch geriebene Muskatnuss
Salz, Pfeffer

Für den Feldsalat
200 g Feldsalat
1–2 TL Honig
1 TL mittelscharfer Senf
5 EL Rapsöl
2 EL Weißweinessig
Salz, Pfeffer
4 Eier (Größe M)
2 Frühlingszwiebeln

Für den Joghurtdip:
100 g Joghurt
100 g Magerquark
Salz, Pfeffer
Dill (nach Belieben)

Für die Karottenpuffer Karotten und Kartoffeln schälen und grob würfeln. In der Gemüsebrühe in 20–25 Minuten zugedeckt weich garen, abgießen und abtropfen lassen. Anschließend zerstampfen (nicht pürieren) und etwas abkühlen lassen.

Inzwischen die Zwiebel schälen und fein hacken. 1 EL Öl in einer Pfanne erhitzen und die Zwiebel darin bei mittlerer Hitze glasig anbraten. Karottenstampf mit Eiern, Mehl, Grieß, Zwiebel, Petersilie und 1 Prise Muskat, Salz und Pfeffer vermischen. Etwa 15 Minuten ruhen lassen.

In der Zwischenzeit den Feldsalat gründlich waschen, Wurzeln entfernen. Honig, Senf, Öl und Essig zu einem Dressing verrühren. Mit Salz und Pfeffer abschmecken. Frühlingszwiebeln waschen, putzen und in feine Ringe schneiden.

Die Eier in 6–7 Minuten wachsweich garen, abschrecken und auskühlen lassen. Joghurt und Quark zu einem Dip verrühren. Mit Salz und Pfeffer abschmecken. Backofen auf 80 °C vorheizen.

Zum Braten der Karottenpuffer das übrige Öl (1–2 EL) in einer Pfanne erhitzen. 1 gehäuften EL Karottenmasse in die Pfanne geben, etwas flach drücken und bei mittlerer Hitze von jeder Seite 3–4 Minuten braten. Auf Küchenpapier abtropfen lassen. Fertige Puffer im Ofen warm halten.

Den Feldsalat mit den Frühlingszwiebeln vermengen und dem Dressing anmachen. Die Eier pellen und halbieren. Salat und Eier zusammen mit den Karottenpuffern auf Tellern anrichten und mit dem Dip servieren. Nach Belieben mit Dill garnieren.

Getreidesorten

1 HIRSE

Allgemein: Hirse ist ein Überbegriff für kleinfrüchtiges Spelzgetreide aus der Familie der Süßgräser. Da Hirse glutenfrei ist, eignet sie sich ideal für Menschen mit Zöliakie.
Geschichte: Hirse gehört zu den ältesten Getreidearten und wurde schon in der Steinzeit angebaut. Sie war eine der Hauptgetreidearten im mittelalterlichen Deutschland. Im 17. Jahrhundert wurde die Hirse von ertragreicheren Sorten wie Kartoffeln, Weizen und Roggen verdrängt.
Besonderheit: Richtig gelagert, ist Hirse bis zu 30 Jahre haltbar. Daher hatten mittelalterliche Städte immer eine Notreserve an Hirse vorrätig, sei es für Hungersnöte, Belagerungen oder Krieg.

2 EINKORN

Allgemein: Einkorn zählt zu den Urgetreiden und stammt vom Wilden Weizen ab. Einkorn ist ein Wintergetreide und wird bereits im Herbst gesät.
Geschichte: Da es anspruchslos beim Anbau ist, auch bei schlechter Bodenqualität wächst und gegen viele Schädlinge resistent ist, war es einst ein Grundnahrungsmittel. Erst mit dem Aufkommen des modernen Kulturgetreides wurde Einkorn immer mehr verdrängt.
Besonderheit: Einkorn ist reich an Mineralstoffen und Spurenelementen wie Magnesium, Kupfer, Mangan, Zink und Eisen. Da Einkorn leicht verdaulich ist, eignet es sich auch für Schonkost.

3 HAFER

Allgemein: Hafer bildet, anders als andere Getreidesorten, seine Körner in verzweigten Rispen aus.
Geschichte: Lange Zeit wurde dem Hafer nur wenig Beachtung geschenkt. Das lag daran, dass Hafer nicht ertragreich war und die Ernte sowie die Verarbeitung nicht so einfach sind wie bei Ährengetreide. Nach der Ernte wird der Hafer entspelzt, kurz mit feuchter Wärme behandelt, um die Enzyme des Hafers zu inaktivieren. Zuletzt werden die Körner gepresst.
Gesundheit: Hafer gilt als das gesündeste Getreide und beinhaltet große Mengen an Mineralstoffen, Vitaminen und Eiweiß. Sein Eiweißgehalt liegt bei fast 13 Prozent. Hafer ist damit eines der eiweißreichsten Lebensmittel.

4 DINKEL

Allgemein: Dinkel gehört zu den Spelzgetreiden, also zu den Getreidearten, bei denen das eigentliche Korn noch von einer Schutzhülle – dem Spelz – umgeben ist.
Geschichte: Bereits vor 1 500 Jahren gab es in Bayern und Baden-Württemberg die ersten Dinkelanbaugebiete. Daher wird Dinkel gelegentlich auch als Schwabenkorn bezeichnet. Wie wichtig Dinkel für die Bevölkerung des Mittelalters und der frühen Neuzeit war, zeigen Ortsnamen wie Dinkelsbühl und Dinkelscherben, die das Getreide noch heute in ihrem Namen tragen. Bis ins 18. Jahrhundert stellte Dinkel in Baden-Württemberg und Franken eines der wichtigsten Handelsgetreide dar.
Besonderheit: Auch wenn Dinkel im Vergleich zu Weizen deutlich weniger Ertrag bringt, wurde er stets von Bauern angebaut, da Dinkel als sehr robust und wetterbeständig gilt.

5 EMMER

Allgemein: Emmer zählt gemeinsam mit dem Einkorn zu den sogenannten Urgetreiden, die schon die Menschen der Jungsteinzeit anbauten.
Geschichte: Bereits bei den Römern war Emmer in Form eines Breis ein Grundnahrungsmittel. Der Anbau ist einfach, da Emmer selbst auf mageren und trockenen Böden wächst und resistent gegen Schädlinge und Pilze ist. Zudem ist er lang haltbar.
Gesundheit: Emmer hat einen besonders hohen Gehalt an den Mineralstoffen Zink und Magne-

sium. Zudem ist Emmer für viele Menschen besser verträglich als andere Getreidesorten wie zum Beispiel Weizen.

6 GRÜNKERN

Allgemein: Grünkern ist keine eigene Getreidesorte. Es handelt sich vielmehr um halbreif geernteten, gerösteten und getrockneten Dinkel. Der Name kommt von der leicht grünen Farbe der unreifen Körner.
Geschichte: Die Entstehung von Grünkern geht auf das Jahr 1660 zurück, als Bauern in Baden in einer Hungersnot unreifen Dinkel ernteten, diesen trockneten und verarbeiteten. Grünkern kann als Korn, Schrot, Grieß, Flocken oder Mehl genutzt werden und ist daher in der Küche vielseitig einsetzbar.
Besonderheit: Im Gegensatz zu anderen Getreidesorten hat Grünkern ein nussiges, leicht rauchiges Aroma.

7 GERSTE

Allgemein: Die Gerste gehört zu den Süßgräsern und gilt als das älteste Getreide der Welt. Heute zählt Gerste weltweit zum viertwichtigsten Getreide nach Weizen, Mais und Reis. Sie wird meist als Tierfutter verwendet und als Malz ist sie Bestandteil bei der Bierherstellung.
Geschichte: Dass Gerste viel angebaut wurde, liegt unter anderem daran, dass sie auch an trockenen, heißen und leicht salzhaltigen Orten wächst, ebenso wie in Hochlagen bis zu 4 000 Metern. Zudem gilt Gerste als Heilpflanze. So senkt sie den Blutzucker- und Cholesterinspiegel und wirkt fiebersenkend. Gerstensaft war bis ins 19. Jahrhundert ein oft verschriebenes Getränk für schwache und kranke Menschen.
Besonderheit: Gerste wird hauptsächlich in Form von Graupen gegessen. Graupen sind gebrochene, geschliffene Gerstenkörner und eignen sich besonders für Eintöpfe, Grütze und Suppen.

Alte Getreidesorten – Initiative Urgetreide

Sie erleben gerade ein Comeback wie sonst kaum ein anderes Lebensmittel und sind nicht mehr nur in Fachkreisen in aller Munde: Die Rede ist von den sogenannten Urgetreidesorten, insbesondere Emmer und Einkorn. Die alten Getreidesorten, wie sie auch genannt werden, gelten als besonders bekömmlich, gesund, sind reich an Mineralstoffen sowie Spurenelementen und zeichnen sich durch ihre Naturbelassenheit aus. Und genau das ist es, was diese Sorten derzeit so beliebt macht. Viele Menschen sehnen sich nach Ursprünglichkeit in Nahrungsmitteln – weg von industriell hergestellten Produkten, hin zu möglichst unbehandelter Ware, die geschmacklich und inhaltlich den Unterschied macht.

»Einkorn und Emmer haben den Stellenwert, etwas ganz Besonderes zu sein. Man backt da ein bisschen Geschichte mit. Oft hat man dann zu den alten Getreidesorten noch einen regionalen Bezug, das unterstützt natürlich den Trend«, sagt Detlev Nolte. Er ist Geschäftsführer der Initiative Urgetreide e. V., ein Verein, der sich das Thema alte Getreidesorten auf die Fahnen geschrieben hat und zu aktuellen Forschungsarbeiten über Urgetreidesorten informiert.

Die alten Getreidesorten sind mehrere Tausend Jahre alt. So wurde Einkorn bereits in der Zeit um 8000 v. Chr. angebaut und stammt aus dem Gebiet zwischen Euphrat und Tigris. Emmer war in der Jungsteinzeit im Vorderen Orient einst das Hauptgetreide schlechthin.

Es verwundert daher nicht, dass auch das erste Brot aus der Region des heutigen Ägyptens stammt. Vor etwa 6000 Jahren backten die Ägypter ihre Brote aus Urgetreide bereits in eigenen Brotbackräumen. Sie entdeckten, dass durch Gärung ein Teig lockerer wird. Das hat sich bis heute in unserer Sprache durchgesetzt, denn Brot heißt nichts anderes als »Gegorenes«, vom Althochdeutschen *prôt*. Auch die Germanen und die Griechen backten Brot – teilweise sogar aus Sauerteig.

Seinen Siegeszug trat das Brot in Europa aber erst richtig durch die Römer an. Und ab dem 12. Jahrhundert verdrängte es schließlich nach und nach den bis dato als Hauptnahrungsmittel geltenden Getreidebrei aus Urkorn. Dennoch sei Brot in Deutschland zu jener Zeit noch etwas ganz Besonderes gewesen, so Nolte. Denn für die Herstellung von Brot war mehr Energie als für die Breiherstellung nötig und Brot war kalt. Getreidebrei hingegen wärmte, sättigte schnell und war einfacher zuzubereiten. Brot wurde deshalb in Deutschland bis nach dem Dreißigjährigen Krieg unter anderem als »Herrenessen« bezeichnet.

Noch heute kennen und schätzen wir die Bedeutung des Brotes, was sich etwa in Worten wie »Abendbrot« und »Brotzeit«, aber natürlich auch in vielen Bibelpassagen widerspiegelt und in alten Traditionen zeigt, wie dem Geschenk von Brot und Salz zum Einzug in eine neue Wohnung.

Doch vom fertigen Brot zurück zum Urgetreide, denn das kann und konnte noch viel mehr, als nur sättigen: Die Halme wurden mitunter als Einstreu für Tiere genutzt. »Bis ins Mittelalter waren Einkorn und Emmer in Deutschland weit verbreitet«, so Nolte. Doch dann nahm die Bedeutung der alten Getreidesorten mehr und mehr ab. Verantwortlich dafür war die fortschreitende Industrialisierung der Landwirtschaft und die geringere Wirtschaftlichkeit von Urgetreide gegenüber den nach und nach aufkommenden Neuzüchtungen. Denn im Vergleich zum »modernen« Weizen ist der Ertrag von Urgetreide laut Nolte sehr viel geringer. Und so verdrängten vor allem neue Weizenzüchtungen ihre traditionsreichen Vorfahren – Einkorn und Emmer – von den deutschen Feldern.

»In Nischen hat Urgetreide aber überlebt«, so Nolte. Natürlich gebe es aber regionale Unterschiede. So passten sich die Getreidesorten im

Laufe der Jahrtausende in gebirgigen Regionen, wie den Alpen, den bestehenden Bedingungen an. Und andernorts an andere Voraussetzungen – wie etwa vor unserer Haustür auf der Schwäbischen Alb. »Albdinkel, den es auf der Schwäbischen Alb gibt, ist so eine alte Getreidesorte, die gut mit den kalkhaltigen, kargen Böden zurechtkommt.«

Und dennoch pflegen Einkorn und Emmer auch heute noch ein Nischenimage, das – so glaubt Nolte – wohl nie ganz abgelegt werden kann. »Diese Sorten werden eine Nische bleiben und die ertragreichen Getreidesorten werden sie sicherlich in unseren Breiten nicht völlig ablösen.«

Denn: Zum einen sind spezielle Mühlen nötig, die die alten Getreidesorten bearbeiten können. Emmer und Einkorn sind Spelzgetreide. Das heißt, in der Mühle muss zunächst das Korn von seiner festen, schützenden Hülle gelöst werden, ohne den Mehlkörper zu beschädigen. Das ist aufwendige Arbeit und nur in dafür geeigneten Mühlen möglich. Welche das sind? Der Verein Initiative Urgetreide geht genau diesem Thema nach und erstellt noch in diesem Jahr eine Übersichtsliste mit Mühlen, die in der Lage sind, Urgetreide wie Emmer, Einkorn und Waldstaudenroggen zu bearbeiten.

Und zum anderen ist der Ertrag der alten Getreidesorten für die Landwirte so gering, dass der Anbau nicht rentabel ist. »Deshalb gibt es für Bauern, die Urgetreide anbauen, derzeit auch überwiegend feste Abnahme- und Preisgarantien«, erklärt Nolte. Vertragsanbau nennt sich diese Anbauweise, um das Risiko der Landwirte, keine Abnehmer zu finden, so gering wie möglich zu halten.

Zurzeit wagen sich immer mehr Menschen in ihren heimischen Küchen an diese Nischen-Getreidesorten – und suchen darin ein Stück Ursprünglichkeit. Und das, obwohl die Anforderungen der Getreidesorten beim Backen höher sind als beispielsweise bei modernem Weizen. Ein Grund sind die mangelhaften Klebereigenschaften dieser Sorten. »Wenn ich ein Brot aus reinem Emmer- oder Einkornmehl backe, sollte es immer ein Kastenbrot sein, weil es sonst verläuft.« Also warum sind die ursprünglichen Getreidesorten dann momentan so beliebt? »Man kann mit den alten Sorten viel ausprobieren und eigene Mischungen kreieren. Das hat etwas von einem Abenteuer«, sagt Nolte. »Und man trägt natürlich zur Vielfalt der Biodiversität bei. Außerdem schmeckt es gut.« Nicht nur als Brot verarbeitet. So genießt Nolte unter anderem ab und zu ein kühles, leckeres Emmerbier. »Das ist einfach sehr schmackhaft und hat sich in Deutschland schon etabliert.« Auch Schnaps werde aus der einen oder anderen Urkornsorte hergestellt. Der Einsatz der Sorten sei vielfältig. Suppen, Waffeln und auch Pasta lassen sich problemlos aus Einkorn herstellen. In Brot verarbeitet ist Einkorn für eine gelbe Farbe und ein nussiges Aroma verantwortlich. Emmer eignet sich auch gut für Brot und anderes Gebäck und schmeckt fein-würzig.

Doch Urgetreide ist nicht gleich Urgetreide. »Das ist kein geschützter Begriff«, erklärt Nolte. Eng betrachtet würden damit die Urväter und -mütter der heutigen Getreidesorten bezeichnet – also in erster Linie nur Einkorn, Emmer und Waldstaudenroggen. Dann erst folgen Abwandlungen und Sorten, die sich im Laufe der Geschichte entwickelt haben, wie Khorasan, Urgerste und Urdinkel.

Süß

Die schwäbische Variante der Resteverwertung ist bis heute beliebt: Für Ofenschlupfer wird altes, trockenes Gebäck wie Brot, Brötchen oder Hefezopf in einer Milch-Eier-Mischung eingeweicht und mit Äpfeln und Rosinen in eine Auflaufform geschichtet. Die Süßspeise ist deshalb auch als Scheiterhaufen bekannt.

Ofenschlupfer

Für 4 Personen
Zubereitungszeit: 15 Minuten
Backzeit: 45 Minuten

30 g Butter, plus etwas mehr für die Form
4 Eier (Größe M)
gut 500 ml Milch
2 EL Zucker, plus etwas mehr zum Bestreuen
1 EL Vanillezucker
ca. 300 g Hefezopf vom Vortag
3–4 säuerliche Äpfel (z. B. Boskoop, Jonagold)
50 g Rosinen (nach Belieben)
1 Handvoll Mandelblättchen
1 EL Zimtzucker zum Bestreuen (s. S. 154)

Den Backofen auf 180 °C vorheizen.

Eine Auflaufform gründlich mit Butter ausfetten. Die Eier mit Milch, Zucker und Vanillezucker gut verquirlen.

Den Hefezopf in Scheiben schneiden. Die Äpfel waschen, nach Belieben schälen, vierteln, entkernen und in dünne Spalten schneiden.

In die Auflaufform zuerst eine Schicht Zopf schichten, dann mit Apfelscheiben belegen. Nach Belieben mit Rosinen bestreuen. Den übrigen Zopf senkrecht in die Form schichten, die übrigen Apfelscheiben zwischen die Scheiben stecken. Alles mit Eiermilch übergießen, mit Mandelblättchen und Zimtzucker bestreuen. Die Butter in Flöckchen auf dem Auflauf verteilen und den Ofenschlupfer im vorgeheizten Ofen (Mitte) in 40–45 Minuten goldgelb backen.

Tipp: Ofenschlupfer wird warm gegessen und kann, je nach Saison, mit verschiedenen Obstsorten wie Birnen, Kirschen, Pfirsichen zubereitet werden. Statt des Hefezopfs können auch altbackene Weizenbrötchen, Milchbrötchen oder Toastbrot verwendet werden.

Pfitzauf ist ein schwäbisches Gericht, das aus einem Flädleteig – Pfannkuchenteig – hergestellt wird und sowohl süß, als auch salzig zubereitet werden kann. Traditionell wird das Eiergebäck in glasierten Formen aus Ton im Ofen gebacken. Man kann aber auch zu normalen Auflaufformen greifen.

Pfitzauf mit Vanillesauce

Für 4 Personen
Zubereitungszeit: 50 Minuten

Für den Pfitzauf
500 ml Milch
4 Eier (Größe M)
Salz
250 g Mehl
30 g Butter, zerlassen, plus etwas mehr für die Förmchen
Puderzucker zum Bestäuben

Für die Vanillesauce
20 g Speisestärke
2 Eigelb (Größe M)
200 g Schlagsahne
400 ml Milch
2–3 EL Zucker
1 Vanilleschote

Den Backofen auf 200 °C vorheizen.

Milch, Eier und 1 Prise Salz verquirlen. Mehl dazugeben und zu einem glatten Teig verrühren. Zum Schluss die zerlassene Butter einrühren. Zehn bis zwölf Pfitzaufförmchen oder kleine ofenfeste Auflaufförmchen gut ausfetten und zu etwa zwei Dritteln mit Teig füllen. Im Ofen (Mitte) in 35–40 Minuten goldbraun backen. Wichtig: Während des Backens darf der Ofen nicht geöffnet werden, da die hochsteigenden Pfitzaufe ansonsten zusammenfallen.

Für die Vanillesauce Stärke, Eigelbe und Sahne in einer Schüssel mit dem Schneebesen zu einer glatten Masse verrühren. Milch und Zucker in einen Topf geben. Die Vanilleschote mit einem Messer längs halbieren, Mark herauskratzen und zusammen mit der Schote in die Milch geben. Unter Rühren aufkochen, etwa 1 Minuten kochen.

Vanillemilch vom Herd nehmen, Schote entfernen. Die Stärke-Eigelb-Mischung unter Rühren einfließen lassen. Zurück auf den Herd stellen und unter Rühren langsam aufkochen lassen, bis die Sauce eindickt.

Die Pfitzaufe aus den Förmchen lösen, mit etwas Puderzucker bestäuben und zur Vanillesauce servieren. Traditionell wird Pfitzauf mit zwei Gabeln gegessen und zerrupft.

Ein Gericht, das in uns Kindheitserinnerungen weckt: Milchreis ist eine sättigende Süßspeise, die bei uns zu Hause entweder pur, mit Apfelmus, Zimt und Zucker oder heißen Kirschen verfeinert wird. Bei der Zubereitung halten wir uns an das Rezept von Madeleines Oma und heben für einen extrafluffigen Milchreis Eigelb und geschlagenes Eiweiß unter.

Milchreis mit heißen Kirschen

Für 4 Personen
Zubereitungszeit: 30 Minuten

Für den Milchreis
1 l Milch
250 g Milchreis
2 Prisen Salz
6 EL Zucker
1 Ei (Größe M)
2 TL gemahlener Zimt

Für die Kirschen
700 g Sauerkirschen (aus dem Glas)
30 g Speisestärke
1–2 EL Zucker
abgeriebene Schale von ½ Bio-Zitrone

Die Milch mit dem Reis und dem Salz unter ständigem Rühren aufkochen lassen und anschließend bei kleiner Hitze etwa 20 Minuten garen, bis der Reis weich ist. 3 EL Zucker unterrühren.

Währenddessen die eingedickten Kirschen zubereiten. Dafür die Sauerkirschen in einem Sieb abtropfen lassen. Den Saft auffangen. 5 EL Saft abnehmen und mit Speisestärke glatt rühren. Den übrigen Saft mit Zucker aufkochen. Speisestärkemischung zügig einrühren, bis der Saft andickt. Vom Herd nehmen und die Kirschen unterheben. Mit abgeriebener Zitronenschale verfeinern.

Kurz vor Ende der Garzeit des Milchreises das Ei trennen. Eigelb beiseitestellen, das Eiweiß steif schlagen. Zuerst das Eigelb unter den fertigen Milchreis rühren, dann den Eischnee unterheben. Übrigen Zucker (3 EL) und Zimt mischen und zusammen mit den heißen Kirschen zum Milchreis servieren.

Während Hirsebrei als günstige, nährstoffreiche und sättigende Mahlzeit einst weit verbreitet war, galt er später als ideale Schonkost. Neben einem gesunden Mineralstoffmix hat Hirse einen hohen Anteil an lebenswichtigen Aminosäuren, Nährstoffen und komplexen Kohlenhydraten.

Hirsebrei mit Erdbeerkompott

Für 4 Personen
Zubereitungszeit: 30 Minuten

Für den Hirsebrei
150 g Hirse
1 l Milch
½ TL gemahlener Zimt
½ TL Salz
2 EL Honig
1 Handvoll Mandelblättchen (nach Belieben)

Für das Erdbeerkompott
500 g Erdbeeren
65 g Zucker
Saft von 1½ Zitronen
½ Vanilleschote
1 Sternanis
1 Kardamomkapsel

Für den Hirsebrei die Hirse in einem Blitzhacker fein zermahlen. Milch und Hirse in einem Topf zum Kochen bringen. 15–20 Minuten unter gelegentlichem Rühren bei kleiner Hitze köcheln lassen. Mit Zimt, Salz und Honig abschmecken.

Für das Erdbeerkompott die Erdbeeren waschen, die Kelchblätter entfernen und die Beeren halbieren oder vierteln.

Den Zucker mit 400 ml Wasser in einem Topf aufkochen und köcheln lassen, bis sich der Zucker vollständig aufgelöst hat. Zitronensaft und Vanilleschote dazugeben. Kardamom mit einem Mörser andrücken, dann den Sternanis ebenfalls dazugeben. Etwa 5 Minuten bei mittlerer Hitze köcheln lassen. Zum Schluss die Erdbeeren unterheben.

Den Hirsebrei nach Belieben mit gerösteten Mandelblättchen und lauwarmem Erdbeerkompott genießen.

Tipp: Das Kompott nach dem Kochen in sterile Gläser abfüllen und fest verschließen. So hält es sich ungeöffnet 4–6 Wochen. Geöffnet sollte es kühl gelagert und nach ein paar Tagen gegessen werden.

Struwen, Struven, Ölgekläppkes oder Püffelkes – je nach Region gibt es viele verschiedene Namen für die Hefepfannkuchen mit Rosinen. Im Münsterland und Niederrhein werden Struwen traditionell an Karfreitag gegessen. Der Name Struwen stammt aus dem altsächsischen und bedeutet so viel wie kraus oder gekräuselt.

Struwen

Ergibt etwa 30 Stück
Zubereitungszeit: 20 Minuten
Ruhezeit: 1 Stunde

125 g Rosinen
200 ml Apfelsaft
375–400 ml Milch
½ Würfel Hefe (21 g)
500 g Dinkelmehl (Type 630; oder Weizenmehl (Type 550))
2 Eier (Größe M)
4 g Salz
abgeriebener Schale von ½ Bio-Zitrone
40 g Zucker
Butter zum Ausbacken
Zimtzucker (s. S. 154)

Die Rosinen mit dem Apfelsaft in einem kleinen Topf kochen, bis die Flüssigkeit verdampft ist. Beiseitestellen.

Die Milch lauwarm (nicht zu heiß!) erwärmen und die Hefe darin auflösen. Mehl mit Hefemilch, Eiern, Salz, Zitronenschale und Zucker zu einem dickflüssigen Teig verrühren, der zäh vom Löffel tropft. Rosinen dazugeben und untermischen. Zugedeckt an einem warmen Ort etwa 1 Stunde gehen lassen, bis sich das Volumen verdoppelt hat. Anschließend den Teig noch einmal gut durchrühren.

Butter bei mittlerer Hitze in einer großen Pfanne erhitzen. Den Teig esslöffelweise hineingeben, mit einem nassen Löffel zu Talern formen und etwas platt drücken. Von jeder Seite in etwa 2 Minuten hellbraun ausbacken. Mit Zimtzucker bestreut servieren.

Zu den fluffigen Struwen passt Apfelmus und, statt Zimtzucker, auch Zuckerrübensirup.

Der Eierhaber war ursprünglich eine Haferspeise mit Eiern, die je nach Region auch Kratzete oder Stierum genannt wird. Der Teig des Eierhabers ist dem des österreichischen Kaiserschmarrens ähnlich. Während der Kaiserschmarren allerdings eine reine Süßspeise ist, wird der Eierhaber sowohl als süße als auch als salzige Variante (s. S. 117) gegessen.

Eierhaber mit Äpfeln

Für 4 Personen
Zubereitungszeit: 45 Minuten

Für den Eierhaber
40–50 g Rosinen
5–6 EL Apfelsaft
2 EL Mandelblättchen
4 Eier (Größe M)
150 g Dinkelmehl (Type 630)
110 g Dinkelvollkornmehl
360 g Milch
2 säuerliche Äpfel
Saft von ½ Zitrone
Salz
2 EL Zucker
ca. 3 EL Butter
Puderzucker zum Bestäuben

Die Rosinen mindestens 30 Minuten in Apfelsaft einweichen. Mandelblättchen in einer Pfanne ohne Fett goldbraun rösten. Beiseitestellen.

Die Eier trennen. Eigelbe mit Mehl und Milch zu einem glatten Teig verrühren und etwa 10 Minuten quellen lassen. Währenddessen die Äpfel schälen, entkernen und in kleine Stücke schneiden. Mit Zitronensaft vermischen. Eiweiße mit 1 Prise Salz und dem Zucker steif schlagen. Die Rosinen (ohne Saft) und den Eischnee unter den Teig heben.

In einer beschichteten, großen Pfanne etwa 2 EL Butter erhitzen. Äpfel dazugeben und 2–3 Minuten braten. Den Teig in die Pfanne geben und bei mittlerer Hitze in etwa 5 Minuten goldbraun backen. Den Eierhaber mit einem Pfannenwender vierteln, wenden, fest werden lassen und mit zwei Gabeln oder Löffeln in Stücke reißen. Übrige Butter (1 EL) dazugeben und die Teigstücke in der Pfanne rundum goldbraun braten. Mit den Mandelblättchen und Puderzucker bestreut servieren.

Tipp: Wer keine ausreichend große Pfanne hat, kann den Eierhaber auch in zwei Portionen backen und im 80 °C heißen Backofen warm halten.

Weil Weizenmehl den Bewohnern des Bergischen Lands früher zu teuer gewesen sein soll, wurden Waffeln aus Hafermehl zubereitet. Wir fanden das Rezept so lecker, dass wir es, in einer etwas abgewandelten Form, unbedingt in unser Buch aufnehmen wollten.

Hafermehlwaffeln mit Rhabarber-Vanille-Kompott

Ergibt 14 quadratische Waffeln
Zubereitungszeit: 40 Minuten

Für das Rhabarberkompott
700–800 g Rhabarber (am besten rotstieliger Himbeer-Rhabarber)
1 Vanilleschote
50 g Zucker
1–2 TL Speisestärke

Für die Waffeln
225 g weiche Butter
3 EL Zucker
5 Eier (Größe M)
450 g Hafermehl
2 TL Weinstein-Backpulver
¾ TL Salz
ca. 450 ml Mineralwasser
2–3 EL flüssiger Honig
Öl für das Waffeleisen
Puderzucker zum Bestäuben

Für das Rhabarberkompott den Rhabarber waschen, putzen und in schräge, etwa 4 cm lange Stücke schneiden. Die Vanilleschote mit einem Messer längs aufschlitzen und das Mark herauskratzen. Vanillemark, -schote, Rhabarber und Zucker in einem Topf vermischen und etwa 30 Minuten stehen lassen.

Für die Waffeln Butter mit dem Zucker cremig schlagen. Die Eier einzeln dazugeben und für je 30 Sekunden unterrühren. Mehl mit Backpulver und Salz mischen und abwechselnd mit dem Wasser zum Teig geben. So viel Wasser verwenden, bis ein glatter, leicht zähflüssiger Teig entsteht. Je nach Geschmack 2–3 EL Honig untermengen und den Teig 10–15 Minuten quellen lassen. Er zieht in dieser Zeit noch etwas an und wird dickflüssiger.

Rhabarber bei mittlerer Hitze zum Kochen bringen. Zugedeckt rund 5 Minuten köcheln lassen. 1–2 TL Speisestärke und 1–2 EL kaltes Wasser glatt rühren, vorsichtig unter den Rhabarber mischen und aufkochen. Damit dieser nicht zu sehr zerfällt, das Kompott am besten nicht mehr rühren, sondern den Topf ab und an nur noch schwenken. Das Kompott in eine Schüssel füllen und etwas abkühlen lassen.

Das Waffeleisen erhitzen, bei Bedarf etwas einfetten, 2 EL Teig einfüllen und die Waffeln goldgelb backen. Die Waffeln am besten frisch essen oder im Backofen bei 80 °C (Mitte) warm halten.

Die Waffeln auf Tellern anrichten, mit etwas Puderzucker bestäuben und mit dem lauwarmen Kompott servieren.

Der Name der sächsischen Süßspeise leitet sich vom mittelhochdeutschen Wort „Kaule" ab – was für „Kugel" oder „Kügelchen" steht. Da die Kartoffel-Quark-Masse traditionell zu einer Art plattem Kügelchen geformt wird, entstand der Name Quarkkäulchen bzw. Quarkkeulchen.

Quarkkeulchen

Für 4 Personen
Zubereitungszeit: 45 Minuten

Für die Quarkkeulchen
500 g mehligkochende Kartoffeln
500 g Magerquark
2 Eier (Größe M)
60 g Zucker
1 Prise Salz
abgeriebene Schale von ½ Bio-Zitrone
150 g Mehl (Weizenmehl Type 550 oder Dinkelmehl Type 630)
Butterschmalz zum Braten
Zimtzucker zum Bestreuen (s. S. 154)

Die Kartoffeln mit Schale in etwa 20 Minuten weich kochen, abgießen und kurz ausdampfen lassen. Noch warm pellen und durch die Kartoffelpresse drücken. Abkühlen lassen.

Den Quark in einem feinen Sieb gut abtropfen lassen. Mit Eiern, Zucker, Salz und abgeriebener Zitronenschale glatt rühren. Mit dem Mehl und den Kartoffeln rasch zu einem cremig-festen Teig vermischen.

Reichlich Butterschmalz in einer Pfanne erhitzen. Aus der Kartoffel-Quark-Masse mit zwei angefeuchteten Esslöffeln große Nocken formen. In die heiße Pfanne geben und etwas flach drücken. Bei mittlerer Hitze von jeder Seite in 3–4 Minuten goldbraun braten. Die Quarkkeulchen auf Küchenpapier abtropfen lassen und mit Zimtzucker bestreut servieren.

Tipp: Wer mag, kann Rosinen unter den Teig mengen (s. S. 145 Struwen). Am besten schmecken die Quarkkeulchen noch warm und frisch aus der Pfanne mit Kompott oder Mus.

Fliederbeersuppe gilt im Norden als traditionelles Hausmittel gegen Erkältungen, denn Fliederbeeren, das sind Holunderbeeren, enthalten viel Vitamin C. Entsprechend der Holunderbeersaison wird die Suppe vor allem im Herbst und Winter gegessen. Kalt schmeckt sie auch im Sommer toll.

Fliederbeersuppe mit Grießklößchen

Für 4 Personen
Zubereitungszeit: 35 Minuten

Für die Suppe
2 süß-säuerliche Äpfel (z. B. Holsteiner Cox, Jonagold)
abgeriebene Schale und Saft von 1 Bio-Zitrone
800 ml Holunderbeersaft
200 ml Apfelsaft
90 g Zucker
1 Zimtstange
2 Gewürznelken
20 g Speisestärke

Für die Klößchen
250 ml Milch
1 EL Vanillezucker
40 g Butter
Salz
100 g Hartweizengrieß
2 Eier

Die Äpfel schälen, vierteln, entkernen und in Spalten oder Stücke schneiden. Mit Zitronensaft vermischen und beiseitestellen.

700 ml Holunderbeersaft mit Apfelsaft, Zucker, Zitronenschale, Zimt und Gewürznelken aufkochen. Die Stärke mit dem übrigen Holunderbeersaft (100 ml) glatt rühren, zur Suppe geben und unter Rühren aufkochen. Hitze reduzieren, die Äpfel dazugeben und zugedeckt gar ziehen lassen.

Für die Grießklößchen Milch, Vanillezucker, Butter und 1 Prise Salz aufkochen. Grieß unter Rühren einstreuen und bei schwacher Hitze so lange rühren, bis sich die Masse als Kloß vom Topfboden löst. Vom Herd nehmen und etwas abkühlen lassen. Anschließend die Eier nacheinander unterrühren.

Aus dem Grieß mit zwei angefeuchteten Ess- oder Teelöffeln Nocken formen. In siedendes Salzwasser geben und bei schwacher Hitze in 5–8 Minuten gar ziehen lassen, bis sie oben schwimmen.

Die Fliederbeersuppe in Tellern anrichten und mit den Grießklößchen servieren.

Tipp: Für selbst gemachten Holunderbeersaft 1 kg Holunderbeeren waschen und mit einer Gabel von den Dolden streifen. Stiele und unreife Beeren dabei gründlich aussortieren. Die Beeren mit 1 l Wasser in einem Topf zugedeckt etwa 10 Minuten kochen. Durch ein Sieb in einen zweiten Topf abgießen, dabei die Beeren mit einer Suppenkelle gut ausdrücken. Den Saft nach Belieben mit Zucker süßen.

Kartäuserklöße mit Birnenkompott und Weinschaumsauce

Für 4 Personen
Zubereitungszeit: 40 Minuten

Für das Birnenkompott
500 g Birnen
Saft von ½ Zitrone
25 g Zucker
1 EL Vanillezucker
1 TL gemahlener Zimt
2 Gewürznelken

Für die Weinschaumsauce
4 Eigelb (Größe M)
75 g Zucker
250 ml Weißwein
Saft von ½ Zitrone

Für die Kartäuserklöße
8 Brötchen vom Vortag
2 Eier
400 ml Milch
100 g Schlagsahne
70 g Zucker
Salz
1 TL gemahlener Zimt
Butterschmalz zum Braten

Für das Birnenkompott die Birnen schälen, vierteln, entkernen und in Spalten oder Stücke schneiden. Mit Zitronensaft beträufeln.

250 ml Wasser, Zucker, Vanillezucker, Zimt und Gewürznelken in einen Topf geben und zum Kochen bringen. Sobald der Sud kocht, die Birnen hinzufügen und 10–15 Minuten mitköcheln lassen, bis sie weich sind. In eine Schüssel füllen und abkühlen lassen.

Für die Weinschaumsauce ein heißes Wasserbad vorbereiten. Außerdem eine Schüssel mit kaltem Wasser bereitstellen. Eigelbe mit Zucker, Wein und Zitronensaft über dem Wasserbad kräftig aufschlagen, bis die Masse hell, dick und cremig ist. Vorsicht: Die Masse darf nicht zu heiß werden, sonst stocken die Eier. Die Schüssel anschließend in das kalte Wasserbad stellen und weiterschlagen, bis die Sauce abgekühlt ist.

Für die Kartäuserklöße die trockene Rinde der Brötchen mit der Haushaltsreibe zu Semmelbröseln verarbeiten und in einen Suppenteller geben. Die Brötchen quer halbieren.

Eier mit Milch, Sahne, 30 g Zucker und 1 Prise Salz verquirlen. Die Brötchen in der Masse einweichen, bis sie durchtränkt sind, aber nicht zerfallen. Übrigen Zucker (40 g) und Zimt in einem Teller mischen. Die Brötchen leicht ausdrücken. In den Semmelbröseln wenden. In einer beschichteten Pfanne in reichlich Butterschmalz bei mittlerer Hitze von jeder Seite in 3–4 Minuten goldbraun ausbacken. Auf Küchenpapier abtropfen lassen und in Zimtzucker wälzen. Mit der Weinschaumsauce und dem Birnenkompott servieren.

Ob Klüten, Klümp, Klieben oder Klüter: Aus Mehl, Eiern und etwas Milch lassen sich schnell und einfach Mehlklößchen herstellen, die in einer süßen Suppe gegart und gegessen werden. Die Liste an Zubereitungsarten und Varianten ist lang: Serviert mit Schwarzbrot war die Kliebensuppe im 19. Jahrhundert etwa ein einfaches Essen für pommersche Landarbeiter. Im Unterschied zu unserer Birnensuppe wurden die Klieben dabei ausschließlich in heißer Milch gegart.

Birnensuppe mit Mehlklößchen

Für 4 Personen
Zubereitungszeit: 30 Minuten

Für die Suppe
3 Birnen
1 EL Zucker
1 EL Vanillezucker
1 Zimtstange
2 Gewürznelken
150 ml Milch
1 EL Speisestärke
150 g Schlagsahne

Für die Mehlklößchen
80 g Milch
1 EL Zucker
2 Eier (Größe M)
160–180 g Mehl
(Weizenmehl 550 oder Dinkelmehl Type 630)

Die Birnen schälen und in Spalten oder Stücke schneiden. In einen Topf 1 l Wasser, Zucker, Vanillezucker, Zimt und Gewürznelken geben und zum Kochen bringen. Birnen dazugeben und aufkochen. Zugedeckt etwa 10 Minuten köcheln lassen, bis die Birnen weich sind.

Währenddessen den Klößchenteig zubereiten. Dafür Milch, Zucker und Eier verquirlen. Mehl nach und nach dazugeben, bis ein dickflüssiger Teig entsteht, der langsam und zäh vom Löffel fließt.

Die gegarten Birnen mit einer Schaumkelle aus dem Sud heben und beiseitestellen. Mit zwei angefeuchteten Teelöffeln kleine Teigklößchen in den sanft köchelnden Birnensud geben und etwa 5 Minuten ziehen lassen. Fertige Klößchen abschöpfen und in einem Sieb abtropfen lassen. Mit dem übrigen Teig ebenso verfahren.

100 ml Milch mit Stärke glatt rühren. 500 ml des Birnensuds abnehmen und mit Sahne und übriger Milch (50 ml) zum Kochen bringen. Milch-Stärke-Mischung dazugeben und unter Rühren aufkochen, bis die Suppe andickt. Bei Bedarf etwas Birnensud, Milch oder Sahne dazugießen. Birnen und Klößchen mit in den Topf geben und einige Minuten ziehen lassen.

Topfenstrudel

Ergibt 1 Strudel
Zubereitungszeit: 40 Minuten
Backzeit: 35–40 Minuten

Für den Strudel
½ Rezept Strudelteig (s. S. 114)
80 g Rosinen
130 ml Apfelsaft
3 Eier (Größe M)
50 g weiche Butter
70 g + 1 EL Zucker
1 Vanilleschote
400 g Topfen (Quark mit 20 % Fett)
100 g saure Sahne
abgeriebene Schale von ½ Bio-Zitrone
Salz

Außerdem
50 g Butter, zerlassen
2 EL Semmelbrösel
Puderzucker zum Bestäuben

Den Strudelteig nach Anleitung (s. S. 114) zubereiten.

Die Rosinen mit dem Apfelsaft in einem kleinen Topf kochen, bis die Flüssigkeit verdampft ist. Beiseitestellen. Den Backofen auf 200 °C vorheizen.

Die Eier trennen. Butter und 70 g Zucker cremig rühren. Sobald sich der Zucker aufgelöst hat, Eigelbe hinzufügen und unterrühren.

Vanilleschote längs halbieren und das Mark herauskratzen. Zusammen mit dem Topfen, der sauren Sahne, der Zitronenschale und den Rosinen zur Eier-Zucker-Masse geben und unterrühren. Eiweiße mit 1 Prise Salz und 1 EL Zucker zu Eischnee schlagen und unter die Masse heben.

Den Strudelteig auf einer leicht bemehlten Arbeitsfläche so dünn wie möglich ausrollen. Zwischendurch immer wieder wenden und bemehlen, damit er nicht kleben bleibt. Ein Strudel- oder Geschirrtuch leicht bemehlen. Beide Hände mit dem Handrücken nach oben unter den Teig schieben und den Teig von der Mitte nach außen Stück für Stück zu einem hauchdünnen, transparenten Rechteck ziehen und dehnen. Die kurze Seite des Teigs sollte dabei etwas länger als das Backblech sein, auf dem der Strudel gebacken wird. Zu dicke Ränder abschneiden.

Den ausgezogenen Teig mit etwas Butter bestreichen und mit Semmelbröseln bestreuen. Zu zwei Dritteln mit der Topfenmasse bestreichen, dabei einen Rand von rund 5 cm frei lassen. Den Rand über die Füllung einschlagen und den Strudel mithilfe des Geschirrtuchs einrollen. Mit flüssiger Butter bestreichen, mit der Naht nach unten auf ein Backblech legen. Im Ofen (Mitte) 35–40 Minuten backen. Zwischendurch ein- bis zweimal mit Butter bestreichen.

Den Strudel aus dem Ofen nehmen, noch heiß mit der übrigen Butter bestreichen. Abkühlen lassen und mit Puderzucker bestäubt servieren.

Hirseauflauf mit Äpfeln

Für 8 kleine oder 1 große Auflaufform
Zubereitungszeit: 1 Stunde

Für den Auflauf
250 g Hirse
500 ml Milch
1 Prise Salz
4–5 EL Zucker
2 süß-säuerliche Äpfel (z. B. Boskoop)
2 Eier (Größe M)
500 g Magerquark
ca. 40 g Mandelblättchen
etwas Zimtzucker (s. S. 154)
ca. 30 g Butter

Den Backofen auf 180 °C vorheizen.

Die Hirse waschen. Mit Mich, Salz und Zucker in einen Topf geben und zum Kochen bringen. Die Hitze reduzieren und die Hirse 15–20 Minuten bei kleiner Hitze köcheln lassen, immer wieder umrühren. Die noch leicht körnige Hirse etwas abkühlen lassen.

Inzwischen die Äpfel waschen, schälen, entkernen und in schmale Spalten schneiden. Die Eier verquirlen und mit dem Quark unter den Hirsebrei rühren. Die Apfelspalten dazugeben und unterheben.

Die Hirsemischung in eine gebutterte Auflaufform (ca. 35 x 25 cm) oder in acht kleine Auflaufförmchen (Ø 8 cm) füllen und mit den Mandelblättchen und etwas Zimtzucker bestreuen. Die Butter in Flöckchen darauf verteilen. Im Ofen (Mitte) etwa 30 Minuten backen.

Das Rezept für Apfelklöße haben wir in einem alten Kochbuch aus Schleswig-Holstein entdeckt – und waren vom Geschmack der Nocken sofort angetan. Sie bilden eine tolle Alternative zu Kartoffelklößen und schmecken in Kombination mit Beerenröster und Nussbröseln einfach himmlisch.

Apfelklöße mit Nussbröseln und Beerenröster

Für 4-5 Personen
Zubereitungszeit: 40 Minuten

Für den Beerenröster
300 g Heidelbeeren
200 g Brombeeren
200 g Himbeeren
Saft von ½ Zitrone
1–1½ EL Honig

Für die Klöße
40 g Butter
2 Eier (Größe M)
1 Prise Salz
1 EL Zucker
125 ml Milch
500 g Äpfel (z. B. Boskoop, Holsteiner Cox Orange)
260 g Dinkelmehl

Für die Nussbrösel
80 g Butter
130 g Semmelbrösel
40 g gemahlene Haselnüsse (alternativ gemahlene Mandeln)
40 g Zucker

Für den Beerenröster die Beeren waschen bzw. verlesen. Mit dem Zitronensaft und dem Honig in einen Topf geben und bei mittlerer Hitze einköcheln lassen.

Für die Apfelklöße die Butter in einem Topf zerlassen. Etwas abkühlen lassen und mit den Eiern, dem Salz, dem Zucker und der Milch verquirlen. Äpfel schälen, entkernen, grob raspeln und unter die Eier-Milch-Mischung heben. Mehl dazugeben und vermischen.

Reichlich Wasser in einem weiten Topf zum Kochen bringen. Hitze reduzieren, sodass das Wasser nur noch siedet. Mit zwei Esslöffeln aus dem Teig Nocken formen und ins Wasser gleiten lassen. Die Klöße im offenen Topf in etwa 10 Minuten gar ziehen lassen.

Währenddessen die Nussbrösel zubereiten. Dafür die Butter in einer Pfanne bei mittlerer Hitze schmelzen. Semmelbrösel, gemahlene Nüsse und Zucker dazugeben. Unter ständigem Rühren in 8–10 Minuten goldbraun rösten.

Die fertig gegarten Klöße mit einer Schaumkelle aus dem Wasser heben, kurz abtropfen lassen und in den Nussbröseln wälzen. Die Apfelklöße mit Beerenröster und den übrigen Bröseln warm servieren.

Buchteln sind ein typisches Gericht aus der böhmischen Küche. Im Lauf der Zeit hat das leckere Hefegebäck Einzug in die sächsische, schwäbische, bayerische und österreichische Küche gehalten. Dort sind Buchteln je nach Region als Wuchteln, Ofennudeln, Beinzla oder Rohrnudeln bekannt.

Buchteln mit Pflaumenmus-Füllung

Ergibt 12 Buchteln
Zubereitungszeit: 1 Stunde
Ruhezeit: ca. 3 ½ Stunden

Für den Vorteig
200 g Weizenmehl (Type 550)
150 g Milch
8 g frische Hefe

Für den Hauptteig
Gesamter Vorteig
120–130 g zimmerwarme Milch
300 g Weizenmehl (Type 550)
1 Ei (Größe M)
60 g Zucker
8 g Salz
abgeriebene Schale von ½ Bio-Zitrone
80 g weiche Butter, plus etwas mehr für die Form

Für die Füllung
12 TL Pflaumenmus

Nach dem Backen
40 g Butter, zerlassen
Puderzucker zum Bestäuben

Für den Vorteig die Milch lauwarm (nicht zu heiß!) erwärmen. Mit dem Mehl und der Hefe in eine Schüssel geben und vermengen. Etwa 1 Stunde abgedeckt an einem warmen Ort ruhen lassen.

Für den Hauptteig alle Zutaten, außer Butter, 8-10 Minuten auf niedrigster Stufe verkneten. Die Butter in Stücken zugeben und den Teig weitere 8-10 Minuten schonend kneten. Der Teig sollte am Ende weich und elastisch sein und sich vollständig vom Schüsselrand lösen. Abgedeckt etwa 1 ½ Stunden an einem warmen Ort gehen lassen, bis sich das Volumen verdoppelt hat.

Den Teig auf einer leicht bemehlten Arbeitsfläche durchkneten. Zwölf gleich schwere Teiglinge abstechen. Jedes Teigstück flach drücken, je 1 TL Pflaumenmus daraufgeben und den Teig drumherum gut verschließen. Zur Kugel rollen und die Buchteln mit etwas Abstand mit der Naht nach unten in eine gebutterte Auflaufform setzen. Abgedeckt rund 1 Stunde an einem warmen Ort ruhen lassen, bis sich das Volumen deutlich vergrößert hat.

Den Backofen auf 180 °C Ober-/Unterhitze vorheizen. Die Buchteln mit der Hälfte der Butter bestreichen und im Ofen (Mitte) in etwa 30 Minuten goldbraun backen. Aus dem Ofen nehmen und mit der restlichen Butter (20 g) bestreichen. Vor dem Servieren mit Puderzucker bestäuben.

Zwetschgenknödel mit Zimt-Butter-Bröseln

Ergibt 12 Knödel
Zubereitungszeit: 1 Stunde

Für die Knödel
900 g mehligkochende Kartoffeln
12 Zwetschgen
6 Stück Würfelzucker, halbiert
3 Eigelb (Größe M)
ca. 75 g Weizenmehl, plus etwas mehr zum Bemehlen
ca. 35 g Speisestärke
2 Prisen Salz

Für die Brösel
100 g Butter
150 g Semmelbrösel
50 g Zucker
1 TL gemahlener Zimt

Die Kartoffeln mit Schale je nach Größe in etwa 20–30 Minuten in kochendem Wasser gar kochen. Das Wasser abgießen, die Kartoffeln etwas abkühlen lassen und pellen. Noch warm zweimal durch eine Kartoffelpresse drücken. Durch das zweimalige Durchpressen werden die Knödel besonders glatt und samtig. Die Masse auskühlen lassen.

Die Zwetschgen nur so weit einschneiden, bis der Kern entfernt werden kann. Den Kern jeweils durch ein halbes Stück Würfelzucker ersetzen.

Eier, Mehl, Stärke und Salz zur Kartoffelmasse geben. Zügig zu einem Teig verarbeiten. Die Arbeitsfläche leicht bemehlen, den Teig zu einer Rolle formen und mit einem scharfen Messer in zwölf gleich große Stücke schneiden. Die Teigstücke platt drücken, je eine Zwetschge daraufsetzen, mit Teig umhüllen und zu Knödeln formen. Darauf achten, dass die Knödel gut verschlossen sind.

Einen großen, weiten Topf mit Wasser aufsetzen und zum Kochen bringen. Hitze reduzieren, die Knödel vorsichtig hineingleiten lassen und etwa 10 Minuten im siedenden Wasser ziehen lassen.

Währenddessen die Brösel zubereiten. Dazu die Butter in einer Pfanne erhitzen. Brösel, Zucker und Zimt dazugeben, gut verrühren und darin bei mittlerer Hitze unter ständigem Rühren goldbraun anrösten.

Die fertigen Knödel mit einer Schaumkelle aus dem Wasser heben, abtropfen lassen, in den Bröseln wälzen und warm servieren.

Tipp: Je nach verwendeter Kartoffelsorte wird mehr oder weniger Mehl und Stärke für den Knödelteig benötigt. Ist der Teig zu klebrig und feucht, einfach etwas mehr Mehl dazugeben. Kartoffelteig sollte nach dem Vermengen rasch verarbeitet werden. Die Kartoffeln ziehen Feuchtigkeit, der Teig wird mit der Zeit klebriger.

Ein absolutes Lieblingsessen aus unserer Kindheit: samtig-weiche Kartoffelknödel, die klassisch mit süß-sauren Zwetschgen gefüllt und mit einer üppigen Ladung Streusel bedeckt sind. Wer Abwechslung schaffen will, kann die Knödel mit Aprikosen, frischen Kirschen, Mirabellen, Erdbeeren oder anderen süßen Früchten füllen.

Vorrats-
kammer

Rote Beten oder auch Rote Rüben lassen sich wunderbar einlegen und damit für lange Zeit haltbar machen. Weil es gut zum Geschmack des erdigen Gemüses passt, verwenden wir zum Einlegen einen Sud aus Apfelessig, Meerrettich und Gewürzen.

Eingelegte Rote Bete mit Meerrettich und Apfelessig-Sud

Ergibt ca. 5 Gläser à 400 ml
Zubereitungszeit:
1 Stunde 30 Minuten

Für die Rote Bete

1,5 kg Rote Beten
300 g Apfelessig
200 g Zucker
1 TL Salz
15 g Meerrettich, frisch gerieben
½ TL gelbe Senfsamen
1 TL schwarze Pfefferkörner

Außerdem

5 Einmachgläser à 400 ml
Einmachgummis

Rote Beten gründlich waschen. In kochendem Wasser je nach Größe 30–60 Minuten garen. Wenn sich die Rüben leicht einstechen lassen, sind sie gar. Wasser abgießen, die Rüben abkühlen lassen, pellen und in Scheiben schneiden. Möglichst dicht in sterile Einmachgläser schichten.

Essig, 500 ml Wasser, Zucker, Salz, Meerrettich und Gewürze in einem kleinen Topf aufkochen. Den Sud heiß in die vorbereiteten Gläser füllen, bis alle Rote Beten komplett bedeckt sind. Im Topf gebliebene Gewürze auf die Gläser verteilen und diese sofort mit Deckeln, Gummis und Klemmen verschließen.

30 Minuten bei 90 °C einkochen. Die Klemmen erst abnehmen, wenn die Gläser komplett ausgekühlt sind. Nach dem Öffnen im Kühlschrank aufbewahren.

Abbildung s. S. 171

In keiner Vorratskammer sollten saure Gurken fehlen, sind sie doch der Inbegriff von Gartengemüse im Glas. Wir lieben die sauer-knackige klassische Variante, wie wir sie kennen. Aber es gibt auch zahlreiche andere Versionen. Mit der Gewürzzusammenstellung für den Sud lässt sich hervorragend experimentieren.

Saure Gurken

Ergibt ca. 4 Gläser à 500 ml
Zubereitungszeit: 45 Minuten

Für die Gewürzgurken
1 kg Einlegegurken
1 Bund Dill
4 Schalotten
2 Knoblauchzehen
500 ml Weißweinessig
150 g brauner Zucker
20 g Salz
1 TL Koriandersamen
1 TL gelbe Senfsamen
1 TL schwarze Pfefferkörner

Außerdem
4 Einmachgläser à 500 ml
Einmachgummis

Die Gurken unter fließendem kaltem Wasser gründlich abbürsten, um Härchen und Schmutz zu entfernen. Nach Wunsch ganz lassen oder in Scheiben oder Stifte schneiden. Dill waschen, trocken schütteln und in kleine Zweige zerteilen. Schalotten und Knoblauch schälen und nach Belieben halbieren oder in dünne Scheiben schneiden. Gurken, Zwiebeln, Knoblauch und Dill dicht in sterile Einmachgläser schichten, sodass möglichst wenig Hohlräume entstehen.

Essig, 500 ml Wasser, Zucker, Salz und Gewürze in einem kleinen Topf aufkochen. Den Sud heiß in die vorbereiteten Gläser füllen, bis alle Gurken komplett bedeckt sind. Im Topf gebliebene Gewürze auf die Gläser verteilen und diese sofort mit Deckeln, Gummis und Klemmen verschließen.

30 Minuten bei 90 °C einkochen. Die Klemmen erst abnehmen, wenn die Gläser komplett ausgekühlt sind. Nach dem Öffnen im Kühlschrank aufbewahren.

Abbildung s. S. 170

In Berliner Kneipen gehörten Soleier zum traditionellen Inventar: Die Eier wurden neben anderen deftigen Kleinigkeiten wie belegten Broten, Rollmöpsen oder Buletten auf dem Tresen in einem sogenannten Hungerturm gelagert.

Soleier

Für 12 Eier
Zubereitungszeit: 20 Minuten

Für die Soleier
12 Eier
100 g Weißweinessig
50 g Salz
35 g Zucker
ca. 1 TL Koriandersamen
2 Lorbeerblätter
ca. 1 EL gelbe Senfsamen
ca. 1 TL schwarze Pfefferkörner
6–8 Stängel Dill

Die Eier in etwa 10 Minuten (je nach Größe) in kochendem Wasser hart kochen. Herausnehmen und sofort unter fließendem kaltem Wasser abschrecken.

1,2 l Wasser mit Essig, Salz und Gewürzen (bis auf Dill) in einem Topf aufkochen. Etwa 5 Minuten bei sanfter Hitze köcheln lassen.

Die gekochten Eier anschlagen, sodass die Schale Risse bekommt. Auf ein oder zwei Einweckgläser verteilen. Dill waschen, trocken schütteln und ebenfalls in den Gläsern verteilen. Mit der Sole auffüllen und sofort verschließen. Im Kühlschrank mindestens 24 Stunden ziehen lassen.

Im Kühlschrank gelagert sind die Soleier mindestens 2 Wochen haltbar. Ihr Geschmack wird von Tag zu Tag intensiver.

Tipp: Der Sud für Soleier kann nach Lust und Laune variiert werden, z. B. mit Pimentkörnern, Fenchelsamen, Honig, Dill, Chili, Thymian, Rosmarin, Kümmel, Bohnenkraut oder Pimpinelle.

Wer die Eier klassisch essen möchte, schält und halbiert sie, löst das Eigelb mit einem Teelöffel vorsichtig heraus und füllt anschließend etwas Öl, Essig und Pfeffer in die Eiweißmulde. Das Eigelb zurück in die Mulde setzen und mit etwas Senf genießen.

Abbildung s. S. 170

Die perfekte Würzzutat für nahezu alle Gerichte und die deutlich gesündere Alternative zur gekauften Brühe. Hier steckt die volle Gemüse-Aromenvielfalt sehr konzentriert drin.

Gemüsepaste

Ergibt etwa 2 Gläser à 250 ml
Zubereitungszeit: 10 Minuten

Für die Paste
100 g Staudensellerie
2 Karotten
1–2 Pastinaken
1 mittelgroße Lauchstange
2 Schalotten
½ Bund Petersilie
Salz (10–20 g pro 100 g Gemüse)

Sellerie, Karotten, Pastinaken und Lauch waschen, gründlich putzen und je nach Sorte schälen. Schalotten schälen, Petersilie waschen und trocken schütteln. Alles in grobe Stücke schneiden und im Standmixer oder in der Küchenmaschine zu einem Brei zerkleinern. Das zerkleinerte Gemüse abwiegen: Pro 100 g Gemüsepaste nach Geschmack 10–20 g Salz dazugeben und gut untermischen.

Die Paste in sterile Gläser abfüllen und fest verschließen.

Im Kühlschrank kann die Paste mindestens 6 Monate aufbewahrt werden. Wichtig: Die Paste immer mit einem sauberen Löffel entnehmen, um Schimmel vorzubeugen.

Tipp: Der hohe Salzgehalt wird benötigt, um das Gemüse zu konservieren. Die Mindestmenge sollte deshalb nicht unterschritten werden.

Auch dieses Basisrezept kann nach Geschmack und Saison variiert werden. Die Gemüsepaste eignet sich, ähnlich wie gekörnte Brühe oder Brühwürfel, für Suppen, Saucen, Dips oder als Basis für Aufstriche. Für Gemüsebrühe verwenden wir etwa 1 EL Paste auf 500 ml Wasser.

Abbildung s. S. 176

Gemüsefond

Ergibt etwa 2 l
Zubereitungszeit:
1 Stunde 40 Minuten

Für den Fond
2 Gemüsezwiebeln
2 Pastinaken
2 Karotten
¼ Knollensellerie
80 g Champignons
1–2 Tomaten (je nach Größe)
1 Lauchstange
2 Knoblauchzehen
½ Bund Petersilie
3–4 Zweige Thymian
2 Lorbeerblätter
2 Wacholderbeeren
1 TL schwarze Pfefferkörner
Salz

Die Zwiebeln längs halbieren und mit der Schnittfläche nach unten in einer Pfanne sehr dunkel bräunen.

Pastinaken, Karotten, Sellerie, Pilze, Tomaten und Lauch waschen, putzen, je nach Sorte schälen und grob zerkleinern. Knoblauch schälen und mit dem Messer andrücken. Die Kräuter waschen und trocken schütteln. Alles zusammen mit den Gewürzen und den gebräunten Zwiebeln (mit Schale) in einen großen Topf geben. 2,5 l kaltes Wasser dazugießen, kurz aufkochen lassen und bei schwacher Hitze etwa 1 Stunde sanft köcheln lassen. Eventuell auftretenden Schaum abschöpfen. Herdplatte ausschalten und den Fond anschließend noch etwa 30 Minuten ziehen lassen.

Den Fond durch ein feines Sieb in einen Topf abgießen. Mit Salz abschmecken. Gut verschlossen in einem Schraubglas hält er sich bis zu 4 Tage im Kühlschrank. Praktisch: In Eiswürfelbehälter abgefüllt, lässt sich der Fond einfrieren und portionsweise entnehmen.

Tipp: Unser Basis-Gemüsefond kann nach Geschmack und Saison mit verschiedenen Gemüsesorten, Kräutern und Gewürzen variiert werden. Neben weiteren »Klassikern« wie Fenchel, Petersilienwurzeln, Staudensellerie, Rüben, Liebstöckel, Majoran, Pimentkörnern oder Gewürznelken sorgen Rosmarin, Koriander, Kurkuma, Ingwer oder Zitronengras für andere Geschmacksrichtungen. Zusätzlich zu den frischen Zutaten verleihen getrocknete Pilze oder Tomaten der Brühe eine noch kräftigere Note.

Zum Einkochen eines Gemüsefonds eignen sich auch Gemüsereste wie Schalen oder Strünke. Diese können gesammelt und tiefgekühlt aufbewahrt werden, bis genug zusammengekommen ist. Nicht in den Topf sollten Kartoffelschalen und, ganz klar, verdorbene Reste.

Apfel-Rotkohl

Ergibt ca. 2 Gläser à 1 Liter
Zubereitungszeit:
1 Stunde 40 Minuten

Für den Rotkohl
1 kg Rotkohl (ohne Strunk)
Salz
1–2 säuerliche Äpfel (je nach Größe)
1 Zwiebel
1 EL Rapsöl zum Anbraten
150 ml Rotwein
150 ml Apfelsaft
30 ml Apfelessig
5 Gewürznelken
4 Pimentkörner
5 schwarz Pfefferkörner
2 Lorbeerblätter
2–3 EL Preiselbeerkonfitüre
Pfeffer

Außerdem
2 Schraubgläser à 1 Liter

Den Rotkohl (ohne Strunk) in Streifen hobeln oder fein schneiden, 1 TL Salz hinzufügen und einige Minuten mit den Händen kräftig kneten. Etwa 30 Minuten stehen lassen.

Äpfel schälen, vierteln, entkernen und in Würfel schneiden. Zwiebel schälen und fein würfeln. Öl in einem großen Topf erhitzen. Zwiebel darin bei mittlerer Hitze glasig andünsten. Äpfel und Rotkohl dazugeben und kurz mitdünsten. Rotwein, Apfelsaft, 200 ml Wasser und Essig dazugeben. Gewürze in einem Gewürzsäckchen mit in den Topf legen. Aufkochen, Hitze reduzieren und den Kohl zugedeckt etwa 1 Stunde köcheln lassen. Zwischendurch hin und wieder umrühren. Bei Bedarf etwas Flüssigkeit dazugeben.

Nach 1 Stunde testen, ob der Rotkohl weich genug ist. Falls nicht, noch etwas länger köcheln lassen. Gewürze entfernen, Preiselbeerkonfitüre einrühren. Den Rotkohl mit Salz und Pfeffer abschmecken.

Fürs Haltbarmachen den fertigen Kohl abkühlen lassen und einfrieren oder noch heiß in sterile Schraubgläser füllen. Den Kohl mit einem Löffelrücken im Glas nach unten drücken. Dabei darauf achten, dass der Kohl mit etwas Flüssigkeit bedeckt ist. Wer den Kohl einmachen möchte, sollte im letzten Drittel der Garzeit deshalb am besten etwas Apfelsaft oder Wasser dazugeben. Die Gläser verschließen und bei 90 °C im Einkochtopf 30 Minuten einkochen. Kühl und dunkel gelagert hält sich der Rotkohl mindestens 1 Jahr.

Abbildung s. S. 181

Sauerkraut ist einer der Klassiker der deutschen Küche und vielseitig einsetzbar – ob zu Schupfnudeln, als Krautwickel oder zu Puffern. Zudem ist Sauerkraut sehr gesund, reich an Vitamin C, Vitamin B12, Nährstoffen und Ballaststoffen. Im 18. und 19. Jahrhundert diente Sauerkraut auf Schiffsreisen als »Notobst«, um sich vor Skorbut (dauerhaftem Vitamin-C-Mangel) zu schützen – daher stammt auch der Ausdruck »Krauts« für die deutschen Seefahrer.

Sauerkraut

Ergibt ca. 2 Gläser à 1 Liter
Zubereitungszeit: 30 Minuten

Für das Sauerkraut
1 kg Weißkohl
20 g Salz (naturbelassen)
1 TL Gewürze (nach Belieben Kümmelsamen, Gewürznelken, Wacholderbeeren oder schwarzer Pfeffer)
1 Lorbeerblatt

Außerdem
2 Schraubgläser à 1 Liter

Die äußeren Blätter des Kohls entfernen und beiseitelegen. Den Kohl der Länge nach vierteln, den Strunk heraustrennen und den Kohl mit einer Reibe oder einem Messer sehr fein zerkleinern. Pro kg Kohl 20 g Salz dazugeben, untermischen und etwas durchziehen lassen. Anschließend so lange kräftig durchkneten, bis der Kohl weich wird und im eigenen Saft steht. Die Gewürze unterrühren.

Den Kohl samt Flüssigkeit in mehreren Portionen in sterilisierte Gläser füllen. Mit einem Krautstampfer oder der sauberen Hand dabei immer wieder nach unten drücken, damit keine Luftbläschen entstehen. Die Gläser sollten am Ende etwa zu drei Vierteln voll und vollständig mit Flüssigkeit bedeckt sein. Kohlblätter auflegen und mit einem Gewicht (spezielle Glasgewichte, kleine Tassen, Eierbecher, sterilisierte Steine) beschweren. Die Deckel leicht zudrehen – aber nicht verschließen –, damit die bei der Gärung entstehende Luft entweichen kann.

Je nach gewünschtem Säuerungsgrad sollte das Kraut zwischen 6 und 10 Tagen bei Zimmertemperatur fermentieren. Den Deckel anschließend festdrehen und das Kraut kühl und dunkel aufbewahren.

Tipp: Um eine Schimmelbildung zu verhindern, ist es wichtig, dass das Kraut immer mit Flüssigkeit bedeckt ist. Sollte zu wenig Flüssigkeit vorhanden sein, das Gemüse mit einer zweiprozentigen Salzlake auffüllen. Da beim Fermentieren Flüssigkeit austreten kann, die Gläser auf einer wasserfesten und abwischbaren Unterlage lagern.

Abbildung s. S. 180

Mit rund 3200 eingetragenen Sorten ist die deutsche Brotkultur weltweit einzigartig – und wurde 2014 deshalb zum immateriellen Kulturerbe ernannt. Rezepturen wurden teils über Jahrhunderte weitergegeben und stetig weiterentwickelt. Eines unserer Lieblingsbrote ist ein rustikales Bauernbrot, das aus Sauerteig und etwas Hefe zubereitet wird, aromatisch schmeckt und lange frisch hält.

Rustikales Bauernbrot

Ergibt 1 Brot
Zubereitungszeit:
1 Stunde 30 Minuten
Ruhezeit: ca. 17 Stunden

Für den Roggensauerteig
30 g aktives Roggen-Anstellgut
100 g Roggenmehl (Type 1150)

Für den Autolyseteig
100 g Roggenmehl (Type 1150)
500 g Weizenmehl (Type 1050)
50 g Dinkelvollkornmehl

Für den Hauptteig
gesamter Sauerteig
gesamter Autolyseteig
3 g frische Hefe
15 g Salz
1 TL Backmalz

Am Vorabend für den Sauerteig Anstellgut in ein großes Schraub- oder Weckglas füllen, mit Mehl bedecken. 100 ml 40–45 °C warmes Wasser dazugießen und alles zu einem festen Brei verrühren. 12–14 Stunden abgedeckt bei Zimmertemperatur reifen lassen.

Am nächsten Tag für den Autolyseteig 400 ml Wasser und Mehl in der Küchenmaschine kurz mischen, anschließend 30 Minuten gut abgedeckt stehen lassen.

Für den Hauptteig alle Zutaten auf niedriger Stufe 5–6 Minuten kneten. Dabei nach Bedarf weitere 20–40 ml Wasser nach und nach dazugeben. Den Teig auf zweiter Stufe weiterkneten, bis er sich vollständig vom Schüsselrand löst. 1½–2 Stunden an einem warmen Ort ruhen lassen, dabei zwei- bis dreimal (alle 30 Minuten) dehnen und falten. Dafür den Teig ringsum mit der Hand nach oben ziehen und zur Mitte hin falten. In den letzten 30 Minuten den Teig ungefaltet ruhen lassen.

Den Teig vorsichtig auf eine leicht bemehlte Arbeitsfläche geben, sodass so wenig Luft wie möglich entweicht. Den Teig leicht bemehlen, damit er nicht an den Händen kleben bleibt. Zu einer Kugel einschlagen und mit der Naht nach unten in einen gut bemehlten Gärkorb oder eine mit einem bemehlten Küchentuch ausgelegte Schüssel setzen.

Abgedeckt weitere 30–45 Minuten an einem warmen Ort gehen lassen. Parallel dazu den Backofen mit einem Backstein oder mit einem gusseisernen Topf auf 250 °C vorheizen.

Ein Backpapier etwas größer als den Brotteigling zurechtschneiden. Backpapier und ein Holzbrett auf Gärkorb oder

Schüssel legen und alles um 180 °C drehen, um den Teig mit Schluss nach oben vorsichtig auf das Backpapier zu stürzen.

Für das Backen im Topf das Brot in den Deckel des Topfs heben, Topf überstülpen und geschlossen im Ofen (Mitte) 20 Minuten backen. Den Topf abnehmen, die Temperatur auf 200 °C reduzieren und das Brot in weiteren 30–40 Minuten fertig backen.

Für das Backen ohne Topf das Brot im gut vorgeheizten Backofen (Mitte) zuerst 15 Minuten mit kräftig Dampf backen. Die Ofentüre öffnen, den Dampf ablassen, die Temperatur auf 200 °C reduzieren und das Brot in weiteren 30–40 Minuten fertig backen.

Roggen-Sauerteigbrot

Ergibt 1 Brot
Zubereitungszeit:
1 Stunde 30 Minuten
Ruhezeit: ca. 17 Stunden

Für den Roggensauerteig
30 g aktives Roggen-Anstellgut
150 g Roggenmehl (Type 1150)

Für das Quellstück
35 g Altbrot, fein gemahlen

Für den Hauptteig
gesamter Sauerteig
Quellstück
450 g Roggenmehl (Type 997)
14 g Honig
13 g Salz

Am Vorabend für den Sauerteig Anstellgut in ein großes Schraub- oder Weckglas füllen, mit Mehl bedecken. 150 ml 40–45 °C warmes Wasser dazugießen und zu einem festen Brei verrühren. 12–14 Stunden abgedeckt bei Zimmertemperatur reifen lassen.

Am nächsten Tag für das Quellstück das Altbrot mit 50 ml Wasser vermischen und 30–45 Minuten abgedeckt quellen lassen.

315 ml lauwarmes Wasser, den Roggensauerteig und das Quellstück in eine Schüssel geben und alles mit den Händen gut vermischen. Mehl, Honig und Salz dazugeben und in 6–8 Minuten von Hand oder mit der Küchenmaschine zu einem klebrigen Teig verkneten. Abgedeckt 30 Minuten an einem warmen Ort (28–30 °C) reifen lassen.

Den Teig auf eine gut bemehlte Arbeitsfläche geben und am besten mithilfe einer Teigkarte zur Kugel formen. Mit dem Schluss nach unten in einen gut bemehlten Gärkorb oder eine mit einem bemehlten Küchentuch ausgelegte Schüssel setzen. Die Teigoberfläche ebenfalls leicht bemehlen. Ohne Abdeckung 1–1½ Stunden an einem warmen Ort gehen lassen, bis die Teigoberfläche von deutlichen Rissen durchzogen ist.

Den Backofen (am besten mit Backstein) auf 240 °C vorheizen. Die Teigkugel vorsichtig zuerst auf die Handinnenfläche, dann auf ein Backpapier legen. Die von Rissen durchzogene Seite soll am Ende oben sein. Im vorgeheizten Backofen (Mitte) zuerst 15 Minuten mit kräftig Dampf backen. Ofentüre öffnen, den Dampf ablassen, die Temperatur auf 200 °C reduzieren und das Brot in etwa 40 Minuten fertig backen.

Register

Dank

Auch wenn unsere Namen ganz vorne auf dem Cover stehen – wir sind nicht die Einzigen, die an diesem besonderen Buch mitgearbeitet haben. Wir möchten uns daher bei all denjenigen bedanken, die uns in der Zeit der Buchproduktion unterstützt haben.

Ein großer Dank gilt daher dem DK Verlag, der es uns ermöglicht hat, dieses Buch umzusetzen. Ebenso möchten wir uns bei Woldemar Mammel (Alblinsen), Dr. Peter Peter (Gastrosoph und Buchautor), Gerhard Schneider-Rose (SlowFood Deutschland) und Detlev Nolte (Initiative Urgetreide) für die interessanten Gespräche sowie die Einblicke und Informationen zur Geschichte der deutschen Küche bedanken.

Ein besonderer Dank gilt zu guter Letzt unseren guten Freunden Felicitas Kienle, Laura Forke, Sven Koukal und Andreas Kornes, die uns bei der Umsetzung der Reportagen und bei der Korrektur des Buchs geholfen haben. Ihr seid die Besten!

Impressum

DK | Penguin Random House

Rezepte und Texte Madeleine und Florian Ankner
Texte Madeleine und Florian Ankner
Fotografie Madeleine und Florian Ankner, außer S. 15: Thomas Stephan
Lektorat Margarethe Brunner
Innengestaltung, Typografie, Realisation Sibylle Schug
Covergestaltung Sibylle Schug

Für den DK Verlag
Programmleitung Monika Schlitzer
Redaktionsleitung Marline Ernzer
Projektbetreuung Julia Sommer
Herstellungsleitung Dorothee Whittaker
Herstellungskoordination Claudia Rode
Herstellung Claudia Bürgers

ISBN 978-3-8310-4247-0

Repro Farbsatz, Neuried/München
Druck und Bindung TBB, a.s., Slowakei

FSC www.fsc.org MIX Aus verantwortungsvollen Quellen FSC® C022120

www.dk-verlag.de

Hinweis
Die Informationen und Ratschläge in diesem Buch sind von den Autoren und vom Verlag sorgfältig erwogen und geprüft, dennoch kann eine Garantie nicht übernommen werden. Eine Haftung der Autoren bzw. des Verlags und seiner Beauftragten für Personen-, Sach- und Vermögensschäden ist ausgeschlossen.

Soweit nicht anders angegeben, beziehen sich die Temperaturangaben für den Ofen auf Ober- und Unterhitze. Bei Umluft verringert sich die Temperatur um etwa 20 °C. Beachten Sie hierzu gegebenenfalls auch die Angaben des Herstellers.

Noch mehr Klassiker wie aus Omas Küche und feine Rezepte mit regionalen Zutaten!

ISBN 978-3-8310-3993-7
19,95 € (D) / 20,60 € (A)

ISBN 978-3-8310-3120-7
19,95 € (D) / 20,60 € (A)

ISBN 978-3-8310-4008-7
22,– € (D) / 22,70 € (A)

ISBN 978-3-8310-4274-6
22,– € (D) / 22,70 € (A)

DK

www.dk-verlag.de